바람의 노래 혁명의 노래

라틴아메리카 문화기행

바람의 노래 혁명의 노래

우석균 지음

해나무

차례

1부 내 사랑하는 부에노스아이레스

01 내 사랑하는 부에노스아이레스 :: 9

02 부에노스아이레스 1982 :: 24

03 바다로 간 알폰시나 스토르니 :: 37

04 한 세기를 뛰어넘은 시선 :: 50

05 귀족적 오만함을 뿜어내는 춤 탱고 :: 60

06 탱고 앞에 멈춰 선 버스 :: 70

07 팜파의 현신 아타왈파 유팡키 :: 82

08 마지막 음유시인의 무덤 :: 93

09 코스킨, 민속음악과 록의 메카 :: 102

10 투쿠만의 달 :: 111

2부 안데스 맹인악사의 하프

01 슬픈 구름 :: 123

02 짝을 잃은 시쿠 :: 134

03 광부들의 카니발 :: 146

04 악마를 숭배하는 사람들이 사는 땅 :: 159

05 인어의 악기 :: 171

06 하늘에 걸린 야경 :: 181

07 안데스 맹인악사의 하프 :: 190

08 콘도르의 비상 :: 205

3부 생에 감사해

01 순교자들의 광장 :: 217

02 열일곱 살로 돌아간다는 것은 :: 230

03 침묵하지 않는 노래꾼 :: 249

04 단결된 민중은 결코 패배하지 않으리! :: 259

05 너를 기억해 아만다 :: 274

06 나 그 거리를 다시 밟으리 :: 291

07 자그마한 불꽃들이 물결치던 밤 :: 301

08 강력한 죽음 :: 313

09 나는 살리라 :: 324

후기_ 긴 여행을 마치며 :: 337

내 사랑하는
부에노스아이레스

내 사랑하는 부에노스아이레스,
너를 다시 보는 날
더이상의 고통과 망각이 없으리.

내가 태어난 거리의 작은 가로등은
내 사랑의 언약을 지켜보았지.
그 희미한 불빛 아래서
태양처럼 눈부신 나의 여인을 보았네.

오늘 너를 다시 보게 될 행운을 맞았지,
일편단심 사랑하는 하구 도시를.
가슴속에 맺힌 한을 털어놓으려는
반도네온의 탄식이 들리네.

꽃이 만발한 땅, 나의 부에노스아이레스,
이곳에서 나의 삶을 마치려네.
너에게 보호를 받으면 환멸이 없고,
세월이 유수 같고, 고통을 잊는다네……

「내 사랑하는 부에노스아이레스」
작곡 카를로스 가르델
작사 알프레도 르 페라

01 내 사랑하는
부에노스아이레스

비행기가 팜파 상공에 접어들자 비로소 아르헨티나에 왔음을 실감할 수 있었다. 광대한 팜파와 만난 그 순간 경이로움에 사로잡혔던 옛 기억이 절로 떠올랐기 때문이다. 그것은 아르헨티나에 갈 때마다 겪는 일종의 통과의례이다. 처음 아르헨티나에 간 것은 1989년, 그때는 칠레 산티아고에서 출발해 버스를 타고 부에노스아이레스로 갔다. 험준한 안데스를 넘자 산세가 비교적 완만해지면서 멀리 그랜드캐년을 방불케 하는 장관이 내 눈을 사로잡았다. 우뚝우뚝 솟은 고원들, 고원들 사이의 협곡, 협곡을 구불텅 끼고 흐르는 강물……. 그러나 이 천혜의 조각품보다 더 나를 사로잡은 것은 몇 시간 후에 만난 팜파였다. 사방에 보이는 것이라고는 지평선뿐인 팜파에서 난생 처음 텅 빈 공간의 형이상학적 신비로움을 실감할 수 있었다. 그 광대한 하늘과 팜파를 눈앞에 두고 남은 여정을 생각하는 것은 부질없는 일이었다. 커다란 뭉게구름에서 조각구름에 이르기까지, 하늘은 그 온갖 구름을 너끈히 품에 안고도 여전히 파란 얼굴이었다. 무한한 공간은 시간 감각마저 마비시키는지 어느 틈에 해질녘이 되더니 또 어느 틈에 새벽이 밝았다. 그 오묘한 하늘빛 아래 대평원을 뒤덮은 소떼도 잊을 수 없는 장관이었다. 동이 틀 때까지 두 시간 내내 소떼를 지켜보면서 과연 그 소떼가 저 지평선 끝까지 가득 차 있을까 아닐까가 내 유일한 관심사였다.

사람보다 소가 더 많은 나라이니만큼 믿기지 않는 이야기도 많다. 가령 17세기 중반 아르헨티나를 방문한, 아카레트라는 프랑스인의 여행기에 나온 이야기만 해도 그렇다. 그가 부에노스아이레스에 도착했을 때 네덜란드 밀수선 22척이 그곳에 출몰했는데 배 한 척당 무려 소가죽 13,000~14,000장씩을 싣고 돌아갔다고 한다. 아카레트를 더 놀라게 한 것은 부에노스아이레스 사람들의 외적 격퇴법이었다. 그가 들은 바에 따르면 부에노스아이레스인들은 피 한 방울 흘리지 않고 외적을 물리칠 수 있는 묘안이 있었다. 외국 배가 출현하면 소를 비롯해 온갖 가축을 몰고 가 상륙 예상 지점에 풀어놓는 것이다. 그러면 외적은 어찌할 바를 몰라 그냥 퇴각할 수밖에 없다는 얘기다. 아카레트에게 그 이야기를 해준 사람의 허풍일 수도 있고 그의 여행기가 과장일 수도 있지만 적어도 팜파의 풍요로움이 어느 정도인지는 능히 짐작할 수 있을 것이다.

드디어 부에노스아이레스의 에세이사 공항에 도착했다. 간단한 수속을 마치고 우선 밖으로 나와 부에노스아이레스의 아침 공기를 흠뻑 들이

마셨다. 찌는 듯한 무더위를 예고하는 뜨뜻하고 습한 공기였지만 괘념치 않았
다. 근 10년 만의 방문인 데다 부에노스아이레스를 드나들 때마다 여름이었기
에 오히려 반가웠다. 미리 인터넷으로 괜찮아 보이는 숙소를 몇 군데 봐두었기
에 지체 없이 전화를 걸었다. 처음 전화를 건 숙소의 주인이 마침 볼일을 보러
공항에 나와 있던 터라 즉석에서 묵을 곳을 정했다. 숙소에 도착하자마자 2001

년 말부터 혹독한 IMF 한파를 겪고 있는 아르헨티나의 현실이 피부에 와 닿았다. 숙소가 부에노스아이레스의 부심이자 번듯한 주택가가 있는 벨그라노 구에 위치해 있고 오피스텔 하나를 통째로 빌렸음에도 하루에 단돈 20달러밖에 들지 않았다. 예전 같으면 엄두도 못 낼 일이다. 헌책방에 들러 이것저것 살펴보고 점심을 먹으면서 물가수준이 어떤지 대충 알게 되었다. 적어도 책값이나 식비는 유학 시절에 비해 대략 3분의 1 수준이었다.

첫날부터 특별히 바삐 돌아다닐 생각도 없어서 지하철을 타고 그냥 시내로 가다 아무 곳에서나 내렸다. 부에노스아이레스를 걷는 것 자체가 무척 매력적인 일이기 때문이다. 땅이 넓은 나라의 거대함을 만끽할 수도 있고, 유럽풍의 오밀조밀함도 맛볼 수 있다. 부에노스아이레스가 미국의 대도시와 다른 점이 있다면 바로 이 오밀조밀함이다. 시내를 걷다보니 자연히 우뚝 솟은 오벨리스크 부근에 이르렀다. 부에노스아이레스 중심가를 걷다보면, 아르헨티나인들이 세계에서 가장 넓은 도로라고 자랑하는 7월 9일 대로(아베니다 누에베 데 훌리오) 한가운데 우뚝 선 오벨리스크를 못 보고 그냥 지나치는 것은 불가능한 일이다. 높이 67미터의 이 오벨리스크는 부에노스아이레스 창건 400주년을 기념하여 1936년에 세워졌다.

이 오벨리스크가 부에노스아이레스에 존재할 수 있었던 것은 오로지 인간의 욕망 때문이다. 16세기에 처음 라플라타 강 어귀에 들어선 스페인 정복자들은 신기루처럼 불현듯 나타난 풍성한 강물에 몹시 들떴다. 거대한 강이야말로 금은보화를 잔뜩 쌓아놓은 풍요로운 문명을 약속하는 것이라고 믿었

:: 부에노스아이레스를 상징하는, 7월 9일 대로의 오벨리스크

12

:: 라플라타 강에서 바라본 부에노스아이레스

기 때문이다. 그러나 라플라타 강으로 들어온 정복자들은 운이 없었다. 아스테카 정복이나 잉카 정복 같은 행운이 그들에게는 일어나지 않았다. 1515년 처음 라플라타 강변에 내려 탐험에 나선 후안 디아스 데 솔리스는 배에서 내리자마자 인디오(원주민)들의 습격을 받고 포로가 되었다. 아르헨티나의 대문호 보르헤스는 「부에노스아이레스의 신화적 창건」이라는 시에서 그의 운명을 "후안 디아스가 굶주리고 인디오들은 배를 채우던 장소"라고 아이러니하게 묘사한 바 있다. 배 위에 남은 부하들이 어찌할 바를 모르고 지켜보는 가운데 후안 디아스는 원주민들에게 잡아먹혔던 것이다.

하지만 이 끔찍한 기억은 라플라타 강을 거슬러 올라가 원주민들이 말하는 '하얀 왕'(잉카 황제를 지칭)이 있는 곳으로 갈 수 있다는 가능성이 제기되자 더이상 사람들을 망설이게 하지 않았다. 1536년 라플라타 강을 거슬러 올라간 페드로 데 멘도사는 요새를 짓고 부에노스아이레스라고 명명한다. 하지만 파나마를 통해 페루로 올라간 프란시스코 피사로가 1533년 쿠스코를 점령하고 1535년 리마를 창건해 식민통치의 기틀을 잡으면서 잉카 정복의 꿈은 일장춘몽이 되었다. 멘도사는 그래도 미련이 남아 부하들을 내륙으로 보냈지만 그들은 잉카를 선점한 같은 동포에게 따돌림을 당하고 돌아올 수밖에 없었다.

원주민들의 습격으로 1천 명이 살육되면서 부에노스아이레스 요새가 폐허가 되고, 겨우 빠져나온 멘도사가 귀국중 병사했을 때 부에노스아이레스라는 지명은 영원히 지상에서 사라지는 듯했다. 그러나 1580년 부에노스아이레스는 후안 데 가라이에 의해 두번째로 창건되었다. 정확한 기록은 없지만, 이름만 같을 뿐 멘도사가 만든 요새와 같은 장소는 아니었다고 한다. 이번에는 도시계획까지 갖추었지만 부에노스아이레스의 부활은 드넓은 팜파의 관문이라는 경제적 가치 때문이라기보다 또다른 풍문이 정복자들을 끌어들였기에 가능한 일이었다. 바로 엘도라도의 전설이었다.

'황금으로 뒤덮인 곳'이라는 뜻의 엘도라도가 있다고 정복자들이 믿었던 곳은 주로 아마존이었다. 그러나 어차피 허황된 소문인지라 베네수엘라, 콜롬비아, 브라질, 페루, 볼리비아 등 밀림이 있는 곳이면 어김없이 엘도라도의 소재지로 회자되었다.

남미 대륙의 서쪽이나 북쪽으로부터 밀림에 접근해 엘도라도를 찾으려는 시도가 별다른 성과를 거두지 못하자 남쪽으로부터 대륙을 종단하며 샅샅이 뒤지는 모험가들이 생겼다. 그들의 여정이 라플라타 강 하구에 위치한 부에노스아이레스에서 시작되었음은 물론이다. 결국 모험가들은 아무것도 얻지 못했고, 허황된 꿈에 젖어 있던 대가로 인생을 망쳤다. 하지만 그들의 욕망

:: 라플라타 강변의 낚시 클럽. 이 클럽의 회원이 되는 것이 부의 상징이던 시절이 있었다.

덕분에 부에노스아이레스는 라플라타 강의 관문으로서 자신의 존재 이유를 찾았다. 정복의 시대에 팜파 같은 텅 빈 공간은 그만큼 무가치했던 것이다. 사실 팜파를 보고 풍요로움을 떠올리는 상상력의 메커니즘이 작동하기 시작된 것은 100년 조금 넘은 일이다. 19세기 말까지만 해도 팜파는 '바다'나 '사막' 혹은 '야만의 땅' 등으로 비유되었다. 너무 넓은 데다 정착민도 많지 않은 문명의 불모지라는 의미에서였다. 아르헨티나인들은 밀과 소고기를 대규모로 수출할 수 있게 된 19세기 말에야 비로소 팜파가 보장하는 풍요로움을 인식할 수 있었던 것이다.

식민 시대처럼 허황된 꿈이라도 꿀 수 있었던 시절이 더 행복한 것일까. 아르헨티나의 경제 위기는 오벨리스크의 그림자만큼이나 길게 드리워져 있었다. 그 그림자가 드리워진 건너편 인도에 아이들을 데리고 구걸하는 사람들이 군데군데 있었다. 아이를 셋이나 데리고 손을 벌리는 아빠도 있고, 첫돌이나 지났을까 싶은 아기를 기저귀만 하나 달랑 채워 폭염으로 녹아버릴 것 같은 인도에 내버려둔 엄마도 있었다. 그런 모습이 이제는 일상이 되었는지 무표정한 모습으로 지나치는 사람들을 보는 것도 그다지 즐거운 일은 아니었다. 그런 와중에서도 코리엔테스 거리는 여전히 매력적이었다. 오벨리스크를 중심으로 7월 9일 대로와 교차하는 코리엔테스는 여전히 사람들로 북적거렸다. 지금이야 훨씬 더 화려하고 산뜻한 거리들이 많이 있지만 코리엔테스야말로 아르헨티나 황금기의 산 증인이다. 아르헨티나 연극이 전성기를 구가하던 무대들이 있었고, 대중 스타와 문인과 예술가들을 유혹하는 카페가 있는 거리였고,

:: 1920년대엔 '잠들지 않는 거리'라고 불렸던 코리엔테스 가

:: 고기구이라는 뜻의 아사도 식당. 아르헨티나에서 흔히 볼 수 있는 식당으로, 행인들이 밖에서 유리창을 통해 들여다볼 수 있도록 고기 굽는 곳을 식당 입구에 배치한다. 아사도 식당에서 느낄 수 있는 풍성함에서 과거 아르헨티나의 번영을 읽을 수 있다.

술집과 무도장이 불야성을 이룬 거리였다. 그래서 코리엔테스는 1920년대부터 '잠들지 않는 거리'라고 불리었다. 또한 코리엔테스는 탱고의 역사와도 밀접한 관계가 있다. 뱃사람들의 선술집과 변두리에서 '싸구려 음악' 취급을 받던 탱고가 코리엔테스로 진출했을 때 비로소 대중화의 길이 활짝 열렸기 때문이다. 그래서 탱고의 명연주자 트로일로는 코리엔테스를 부에노스아이레스의 심장이라고 예찬했다.

　　　이 모든 일은 부에노스아이레스의 급격한 팽창으로 가능했다. 16세기에 허황된 신기루를 좇아 수많은 정복자들이 아르헨티나로 왔듯이, 19세기 말에서 20세기 초반에 걸쳐서 손만 내밀면 잡을 수 있을 것 같은 아르헨티나의 부에 현혹되어 수많은 이민자들이 몰려왔다. 당시 이민자들이 미국 다음으로 선호한 땅이 아르헨티나였고, 그들의 절절한 이야기를 소재로 동화 『엄마 찾아 삼만 리』가 쓰여졌을 정도이다. 1869년 인구 200만에 불과했던 아르헨티나에 1880년에서 1905년 사이에 무려 300만 명의 이민자들이 몰려왔다. 1870년 인구 8만의 도시였던 부에노스아이레스는 1890년대 인구 50만을 훌쩍 뛰어넘는 메트로폴리스가 되었다. 로마나 마드리드를 뛰어넘는 인구 규모였다. 그리고 1914년에는 인구 160만 명의 도시가 되었다. 1880년대 부에노스아이레스의 전차 총연장은 146킬로미터로, 이는 뉴욕보다 길고 런던의 1.6배 길이였다. 1899년부터는 가로등이 부에노스아이레스를 아름다운 야경의 도시로 만들었다. 1913년에는 지하철이 완공되었는데 이는 라틴아메리카 최초의 지하철이자 멕시코시티보다 50년 가까이 앞선 것이었다.

이민자들이 급격히 늘어난 이유는 물론 거대한 팜파가 지닌 경제적 잠재력 때문이었다. 그리고 팜파가 이민자들에게 젖과 꿀이 흐르는 땅이었다면, 코리엔테스의 밤거리는 욕망과 쾌락의 경연장이자 신천지에서의 번영의 환상을 불러일으키는 공간이었다. 그만큼 코리엔테스는 모든 환락을 제공했고, 설사 신천지에서 만족할 만한 성공을 거두지 못한 이들도 일단 코리엔테스 거리에 나서면 문명인이 된 듯한 느낌이 들어 부에노스아이레스에 감사하게 되었다. 그래서 이민자들의 국적이 그렇게 다양했음에도 이미 1930년대에는 부에노스아이레스를 찬미하는 노래가 대중의 마음을 사로잡았으니, 탱고 전성기를 일구어낸 전설적인 가수 카를로스 가르델이 부른 「내 사랑하는 부에노스아이레스」였다.

　　내 사랑하는 부에노스아이레스,

　　너를 다시 보는 날

　　더이상의 고통과 망각이 없으리.

　　(중략)

　　꽃이 만발한 땅, 나의 부에노스아이레스,

　　이곳에서 나의 삶을 마치려네.

　　너에게 보호를 받으면 환멸이 없고,

:: 전설적인 탱고 가수 카를로스 가르델

세월이 유수 같고, 고통을 잊는다네.

　　오늘도 내일도 수많은 사람들이 코리엔테스를 오갈 것이다. 하지만 모두가 입을 모아 부에노스아이레스를 찬미하는 날이 또다시 오리라고 감히 말하기 힘들 만큼 아르헨티나는 시련의 나날을 보내고 있다. 하지만 아르헨티나인들은 기억할 것이다. 이보다 더 혹독한 시절에도 희망의 싹을 다시 틔웠다는 것을. 코리엔테스에 여기저기 붙어 있는 메르세데스 소사의 공연 포스터가 다시금 희망의 싹을 틔워보자고 말하는 것 같았다.

02 부에노스아이레스
1982

아르헨티나의 국민가수이자 월드뮤직의 신화적 존재이기도 한 메르세데스 소사는 1935년 7월 9일 투쿠만 시에서 태어났다. 투쿠만이 아르헨티나 전통음악의 요람이어선지 그녀는 일찍부터 민속음악인의 길을 걸었고, 15세 때 투쿠만의 한 라디오 방송이 주최한 노래 경연대회에서 1등을 차지해 재능을 인정받았다. 메르세데스 소사가 아르헨티나 대중음악의 중심부로 뛰어든 것은 1963년 칠레와의 국경 부근에 있는 도시 멘도사에서 뜻을 같이 하는 음악인들과 함께 「누에보 칸시오네로 성명서」를 발표하면서부터이다. '새로운 노래'라는 의미의 누에보 칸시오네로는 일종의 노래운동이었다. 칠레의 누에바 칸시온이나 쿠바의 누에바 트로바도 동일한 목표를 지닌 노래운동이지만 누에보 칸시오네로의 태동이 시기적으로 다소 빨랐다.

누에보 칸시오네로가 태동하기까지는 아르헨티나의 민속음악을 채집하고 발전시킨 아타왈파 유팡키라는 선구자의 영향이 컸으나 1959년 성공한 쿠바 혁명의 영향도 지대했다. 누에보 칸시오네로의 주역들은 음악을 통해 세상을 바꾸어보겠다는 꿈을 지니고 있었다. 이로 인해 사회성 짙은 노래는 물론, 거기에 국한하지 않고 서정적인 노래도 많이 만들어냈다.

상업성에 물들지 않은 인간미 넘치는 음악이 궁극적으로 세상을 순화시키고 변화를 이끌어내리라고 믿었기 때문이다. 그들은 모든 라틴아메리카인들과 함께 그 꿈을 함께 나누고 싶어했다. 그래서 국경은 물론 백인과 흑인, 인디오와 메스티소, 물라토 간의 인종차별도 초월하고자 했다.

백인이자 전도양양한 의학도였던 체 게바라가 페루의 나환자촌에서 자신이 걸어야 할 길을 결정하고 아무 연고도 없던 쿠바를 위해 게릴라 활동을 벌였던 일, 혁명 주체로서의 영광과 안락한 삶을 버리고 볼리비아로 떠난 일은 그의 개인적인 이상을 넘어 시대적 이상이었다.

가령 체 게바라의 여행만 해도 그렇다. 얼마전 개봉된 영화 「모터사이클 다이어리」에 잘 나타난 대로 체 게바라는 라틴아메리카 여행을 통해 무엇이 가치 있는 삶인지 깨닫게 되었다. 그런데 체의 그 구도 여행은 당시 젊은이들에게는 그리 드물지 않은 풍경이었다. 누에보 칸시오네로의 태동에 결정적인 역할을 한 아르만도 테하다 고메스 작사, 세사르 이세야 작곡의 「모두 함께 부르는 노래」(Canción con todos)야말로 당시의 그런 시대적 분위기를 웅변하고 있다.

남미의 대동맥을

일주하러 나서네.

바람 불고 햇빛 찬란한

초록이 우거진 지방을 밟으며.

걸음걸음마다 모든 아메리카의 살결을

내 살결에 느끼고,

내 목소리를 통해 격랑을 해방시키는

강물이 내 혈관을 흐르네.

알토 페루_{지금의 볼리비아에 거의 일치함}의 태양,

볼리비아의 얼굴인 주석과 고독.

구리와 광물의 우리 칠레에

입 맞추는 초록의 브라질.

남쪽으로부터 오르네,

아메리카의 총체적인 정수를 향해.

점점 커져 폭발하고야 말 함성의

순수한 뿌리를 향해.

모든 사람의 목소리,

모든 사람의 손,

모든 피가

바람결에 노래가 될 수 있으리니.

나와 함께 노래하세

라틴아메리카 형제여,

그대의 희망을 목소리에

담아 함성으로 해방시켜라.

코리엔테스 거리를 걷던 중 마주친 메르세데스 소사의 공연 포스터를 살펴보니 공연은 내가 아르헨티나에 도착하기 전에 이미 끝이 났다. 아르헨티나에 머물던 1994년 공연의 여운을 아직도 간직하고 있는 나로서는 무척 아쉬운 일이었다. 당시 나는 메르세데스 소사의 공연을 알리는 신문 기사를 읽고 날짜를 세며 기다렸다. 그때 그녀의 나이는 거의 60세에 가까웠고 언제 내가 다시 아르헨티나에 오겠나 싶은 생각도 들었다. 이번이 아니면 다시는 기회가 없을지도 모른다는 생각에 겨우 2층 중간좌석 표를 사는 데 40달러나 치르고도 별로 아깝다는 생각이 들지 않았다. 이 글을 쓰는 지금까지 메르세데스 소사의 내한 공연이 그녀의 건강 문제로 계속 취소되고 있다는 점을 생각하면 탁월한 선택을 한 셈이다. 그러나 조금만 더 일찍 부에노스아이레스에 갔으면 다시 한번 카리스마 넘치는 그녀의 공연을 볼 수 있었을 텐데…… 아쉬움이 너무 컸다. 이제는 정말 다시 메르세데스 소사의 공연을 볼 수 없는 것인가 싶어 1994년 공연이나마 보길 잘했다는 안도감이 차오를 뿐이다.

1994년 공연은 '가족'이라는 제목으로 가족 간의 사랑, 고향에 대한 애착, 조상의 음악 전통을 주제로 한 노래들로 구성되었다. 공연이 시작되자 메르세데스 소사는 예의 수수한 모습으로 무대에 나타났다. 특별히 용모나 의상에 신경을 쓰지 않는 대형 가수의 당당함이 인상적이었다.

무대에 모습을 드러낸 사람은 메르세데스 소사 혼자가 아니었다. 아직 어린 소년 소녀를 비롯해 여러 사람이 그녀와 함께했다. 공연이 시작된 후에도 멋쩍게 소사의 주변만 맴돌던 이들은 이름 있는 노래꾼들이나 연주자들이 아니라 메르세데스 소사의 가족과 친지들이었다.

공연의 열기가 점차 무르익어갔다. 소사는 육중한 몸으로 고향 투쿠만의 전통 북을 신명나게 두드리고 열정적인 사파테오 음악에 맞춰 발을 구르는 동작를 보여주기도 했다. 메르세데스 소사의 카리스마는 청중들의 영혼을 울리는 진중한 소리에서 비롯된다. 노래가 삶의 전부인 양, 폐부에서 우러나오는 소리로 혼신의 힘을 다하는 그녀의 태도는 세계 어느 곳을 가든 청중들을 사로잡았다. '절창'이라는 표현이 어울리는 노래꾼이 바로 메르세데스 소사이다. 비록 젊었을 때는 미성이었다지만 메르세데스 소사의 목소리는 이미 30대 중반부터 허스키하고 남성적이었다. 하지만 온몸으로 노래하는 법을 체득한 이에게 음색은 전혀 문제될 것이 없다. 21세기 벽두에 이과수 폭포의 세찬 물줄기를 배경으로 새천년 축하 공연을 열었으니 가히 그녀의 역량을 짐작할 수 있을 것이다.

그러나 1994년의 공연은 일말의 아쉬움을 남겼다. 주제가 '가족'이다보니 나를 혹하게 만든 곡들이 별로 포함되어 있지 않았던 것이다. 그것은 다른 사람들에게도 마찬가지였는지 공연이 끝난 뒤 앵콜을 요구하는 박수가 울려퍼지는 가운데 청중들은 듣고 싶은 노래 제목을 저마다 소리 높이 외쳤다. 「생에 감사해」 「알폰시나와 바다」 「열일곱 살로 돌아간다는 것은」 「취중의 연인」 등이었다. 바로 내게 라틴아메리카 음악으로 들어가는 비밀의 문을 열어준 〈메르세데스 소사 귀국 공연〉 음반에 수록된 곡들이었다. 그 공연은 전설로 남았고, 그때 메르세데스 소사가 심혈을 기울여 불렀던 노래들과 라이브 음반은 역사가 되었다. 무엇보다 소사 자신이 그 공연을 계기로 월드뮤직의 살아 있는 신화로 발돋움하였다. 아르헨티나 청중들이 그때 그 노래들을 불러주기를 간절히 바라는 것은 너무도 당연한 일이었다.

  1982년 2월 18일부터 28일 동안 열린 귀국 공연은 매회 초만원을 이루었다. 3년 동안의 망명 생활 끝에 돌아온 메르세데스 소사의 노래에 대한 그리움도 그리움이지만, 칠흑 같은 조국에 한줄기 빛을 밝히겠다고 돌아온 그녀의 용기가 사람들을 감동시켰기 때문이다. 당시 아르헨티나는 '추악한 전쟁'이라고 불리는 암울한 시대를 지나고 있었다. 1976년에서 1983년까지 7년 동안 무려 3만 명 이상이 죽고 실종되었다. 구금과 고문을 당한 사람들도 헤아릴 수 없이 많았고 라플라타 강에 눈물을 뿌리며 고국을 등진 사람들도 허다했다. 메르세데스 소사 역시 1979년 라플라타 시 공연에서 350명의 관객과 함께 체포되었다가 풀려나 파리를 거쳐 마드리드로 망명을 떠나야 했다. 말비나스 전쟁(포

:: 메르세데스 소사, 메르세데스 소사 귀국 공연Mercedes Sosa en Argentina, PolyGram,1991

클랜드 전쟁)의 패배로 군부가 힘을 잃기 전인 1982년, 신변의 안전을 보장받기 힘든 상황에서 소사는 귀국의 결단을 내렸다. 아르헨티나 국민들과 더불어 두려움을 깨뜨리고 희망을 노래하기로 결심한 것이다. 공연장인 오페라 극장은 민초들의 입을 통해 끈질기게 생명력을 이어온 노래들을 필두로 누에보 칸시오네로, 누에바 칸시온, 누에바 트로바, 록 나시오날(아르헨티나 록)의 주옥같은 노래들이 매일 울려퍼졌다. 그때마다 청중들은 한줄기 희망의 빛을 보았고 그들이 살아온 인고의 세월이 한스러워 절로 눈물이 솟아올랐다. 라이브 음반을 들으면 메르세데스 소사의 감격도 그들 못지않았음을 느낄 수 있다. 비올레타 파라의 「생에 감사해」의 마지막 부분에 가서는 감격에 겨워 숨차하는 듯한 인상을 풍긴다. 청중의 환호와 박수갈채가 높아갈수록 남성적인 힘이 넘치던 그녀의 목소리도 가늘게 떨린다.

귀국 공연에서 메르세데스 소사가 부른 인상 깊은 노래, 공연의 분위기를 잘 요약하는 노래들이 있다. 그중 하나가 문인인 마리아 엘레나 월쉬가 작사 작곡한, 「매미처럼」(Como la cigarra)이다. 무수한 죽음과 혹독한 탄압을 극복하고 부활의 노래를 부르는 메르세데스 소사의 모습과 잘 어울릴 뿐만 아니라, 아르헨티나인 모두가 부활하리라는 예언을 담은 노래이기 때문이다.

숱하게 나를 죽였고

숱하게 나는 죽었네.

그러나 나는 여기 다시 부활하고 있지.

불행에 감사를 드리고

비수를 움켜쥔 손에도 감사를 드리네.

서투르게 나를 죽였기에

계속 노래할 수 있었으니.

매미처럼 태양을 향해 노래하네,

일 년간 지하에 있다가.

전쟁에서 돌아오는

생존자들처럼.

　　록 나시오날의 기수 레온 히에코의 「신에게 오직 바라네」(Sólo le pido a Dios)를 메르세데스 소사가 모두 함께 부르자고 권유할 때도 청중들의 반응은 역시 뜨거웠다. 신에게 간구하는 형식으로 되어 있는 이 곡은 신에게 바라는 것이 많지 않다는 노랫말로 시작된다. 그것은 정말로 소박한 기원이다. 무엇을 소유하거나 무엇이 되고 싶다는 바람이 아니기 때문이다. 그러나 사실 그것은 너무나도 커다란 바람이기도 하다. 타인의 고통이나 불의 혹은 전쟁에 둔감하지 않게 해달라는 기원이기 때문이다. 세상을 살면서 너무나 망각하기 쉬운 미덕일 뿐만 아니라 서슬 퍼런 군부독재 치하에서는 결코 이루기 힘든 소망이었던 것이다.

　　메르세데스 소사의 귀국 공연이 역사에 남을 만한 공연이 될 수 있었던 또다른 이유는 그녀가 부른 노래 하나하나가 아르헨티나인들을 비롯해 많은 라틴아메리카인들의 심금을 울리던 노래이기 때문이다. 그녀는 싱어송라이터가 아니었고 또한 자기 자신의 노래보다는 이미 다른 사람이 부른 노래들을 부르면서 정상의 자리에 오른 특이한 이력의 소유자이다. 가령 〈비올레타 파라 헌정 앨범〉(Homenaje a Violeta Parra, 1971)이나 〈메르세데스 소사가 부르는 아타왈파 유팡키〉 같은 음반들은 메르세데스 소사의 고전적인 음반이 되었다. 싱어송라이터가 아니라는 사실, 즉 창작을 하지 못한다는 사실은, 노래하는 기계가 되기를 거부하고 내면의 진술한 목소리를 예술로 승화시키고자 했던 누에바 칸시온·누에보 칸시오네로·누에바 트로바의 주역들에게 치명적인 결함일 수 있다. 그런데도 모두들 메르세데스 소사에게 경의를 표했다. 무엇보다 소사가 다른 사람의 노래를 나름대로 소화하고 해석하는 데 탁월한 능력을 지녔다는 점을 인정했기 때문이다. 동료, 후배 싱어송라이터들은 자신의 노래를

:: 메르세데스 소사, 메르세데스 소사가 부르는
아타왈파 유팡키Mercedes Sosa interpreta a
Atahualpa Yupanqui, PHILIPS, 1977

메르세데스 소사가 부르는 것을 오히려 반겼다. 그녀를 통해 자신들의 노래가 새로운 생명을 얻을 수 있음을 확신했던 것이다.

사람들은 메르세데스 소사의 그런 능력이 가창력 때문이라고들 했다. 사실 아타왈파 유팡키나 비올레타 파라는 내면의 소리를 표현할 줄은 알지만 가창력은 평범하다. 빅토르 하라나 실비오 로드리게스, 파블로 밀라네스는 때로는 감미롭게, 때로는 폐부를 찌르는 듯한 목소리를 낼 줄 알지만, 가창력에서는 역시 메르세데스 소사에게 견줄 바가 못 된다. 그러나 메르세데스 소사가 타인의 노래를 잘 소화시킬 수 있었던 데에는 음악 외적인 비결이 있었다. 바로 인간에 대한 순수하고 진실한 사랑이었다.

1994년에 나는 그녀의 진면목을 볼 수 있었다. 마라도나와 찰리 가르시아 사건 덕분이다. 월드컵을 앞둔 그해에 마라도나는 취재 공세에 지쳐 기자들에게 공기총을 발사해서 상처를 입혔으며, 월드컵 기간 중에는 약물 양성반응을 보여 출전자격을 박탈당했다. 록 나시오날의 대명사인 찰리 가르시아는 상습적인 마약 복용자였는데 그해에도 마약 과다 복용으로 사회적 파문을 일으켰다. 두 사람을 맹목적으로 따르는 사람들은 여전히 많았지만 여론은 대체로 냉담했다. 두 사람 문제에 대해서 인터뷰 요청을 받은 사회 저명인사들은 그들의 인기도를 고려해 대체로 말을 삼갔지만 구제불능의 악동들이라는 기색이 역력했다. 그러나 메르세데스 소사는 달랐다. 눈물을 흘리며 몸소 그들을 방문했고, TV 인터뷰에 나서서 그들이 정신적인 어려움을 극복할 수 있도록 다같이 기원하자고 말했다. 타인의 결점까지 더 큰 사랑으로 감싸주자고 호소

:: 남미를 대표하는 민중음악의 거장 메르세데스 소사

한 것이다.

　　　메르세데스 소사는 그랬다. 노래를 불러 스타가 되고자 하는 욕심은 전혀 없었다. 늘 원작자의 영혼의 무늬를 대중에게 전달하고자 했고, 그들의 아픔과 소망을 알리고자 노력했을 뿐이다. 그녀의 공연에는 늘 많은 음악인들이 우정출연했다. 이를 통해 후배 음악인들에게 좋은 기회를 주려 했던 것이다. 그래서 그녀가 부탁만 하면 언제라도 달려올 사람들이 많지만 그들은 단지 개인적으로 그녀에게 신세를 졌기 때문에 그런 것만은 아니었다. 그들은 모두 알고 있었다. 메르세데스 소사가 언제나 자신들의 단점보다는 장점을 보려하고, 자신들이 어려움에 처했을 때 기꺼이 도움의 손길을 내밀 거라는 것을. 메르세데스 소사가 월드뮤직의 살아 있는 신화가 될 수 있었던 것은 노래하는 능력 때문이 아니라 타인을 사랑하는 마음 때문이었던 것이다.

03 바다로 간
알폰시나 스토르니

　　부에노스아이레스에는 뭔가 특별한 것이 있다. 유서 깊은 카페들이 내뿜는 그윽한 향기이다. 그 향기에 취하고 싶어서 부에노스아이레스의 문화유적으로 지정된 카페 토르토니를 찾았다. 부에노스아이레스에서 가장 오래된 이 카페는 1858년에 문을 열었고, 1894년 지금의 5월 가(아베니다 데 마요) 829번지로 옮겨 오늘날까지 자리를 굳건히 지키고 있다. 대통령궁과도 가깝고 부에노스아이레스에서 가장 오래된 지하철 노선이 지나는 곳이기도 하다. 토르토니는 원래 파리에 있던 어느 카페 이름이었고 예술가들의 사랑을 많이 받았다고 한다. 그러나 부에노스아이레스의 토르토니만큼 사랑을 받았을까 싶다. 그만큼 카페 토르토니는 수많은 지식인들과 예술가들의 숨결과 손때가 느껴지는 곳이다.

:: 카페 '토르토니' 입구에 걸린 100여년 전 사진

:: 오늘날의 카페 토르토니의 입구

카페 입구에 붙어 있는 눈에 익은 사진이 시선을 끌었다. 말쑥한 정장에 중절모를 쓴 사람들이 카페 앞 보도에 있는 테이블을 모두 차지하고 찍은 오래된 기념사진이다. 100여 년 전 아르헨티나가 영화를 누리던 시절의 풍경이다. 5월 가 자체가 신흥 대제국의 위용을 과시하기 위해 10년간의 계획과 공사 끝에 1894년 개통한 길이다. 폭 30미터의 거리인데 마차가 주요한 교통수단이던 당시로서는 대로 중의 대로였다. 5월 가의 모델은 나폴레옹 3세 시절 오스만 남작이 파리 시를 정비하면서 만든 시원시원한 대로였다. 그래서 5월 가는 도로뿐만 아니라 인도도 널찍하게 만들어졌다.

웅장하고 화려한 도심 한가운데에서 넓은 보도를 따라 들어선 노천카페에 앉아 유유자적 대화를 나누고 차를 마실 수 있다는 사실은 자신들이 살고 있는 도시를 남미의 파리로 만들고자 했던 포르테뇨(부에노스아이레스인)들에게는 꿈같은 일이었다. 사진 속의 100년 전 신사들은 꿈이 현실이 된 날을 자축하듯이 당당한 포즈를 취하고 있다. 그래서 그 사진을 보고 있자면, 마치 카페 문을 여는 순간 아르헨티나의 영화로운 과거로 돌아갈 수 있을 것만 같다.

카페 안은 너무 어두웠다. 그러나 그곳을 다녀간 유명인사들의 흔적이 어둠을 상쇄했다. 입구 방명록에는 스페인 국왕과 힐러리 클린턴의 사인이 남아 있고, 벽에는 이름 있는 화가들의 그림이나 스케치가 빼곡했다. 보르헤스의 흉상과 탱고의 전설 카를로스 가르델의 흉상도 눈길을 끌었다. 두 사람 다 이 카페를 끔찍이도 사랑했다고 한다. 단골손님 중에는 1922년부터 1928

년까지 아르헨티나를 통치한 알베아르 대통령 부부도 있었다. 이렇게 다양한 인물들이 카페를 찾은 것은 토르토니가 단순한 사교장이나 소비공간이 아니라 문화공간이었기 때문이다. 이렇듯 파리 식 대로는 5월 가를 찾은 이들에게 자부심을 주었고, 토르토니는 자부심 가득한 손님들의 눈높이에 맞춰 다양한 문화 행사를 기획했다. 토르토니만 그랬던 것은 아니다. 부에노스아이레스에는 카페를 겸한 유서 깊은 서점들이 있으며, 일반 카페에서도 여전히 시 낭송회, 출판기념회, 라이브 음악회, 노동조합 회의 등이 열리고 있다. 이 모두가 100년 전 부에노스아이레스에 뿌리를 내린 카페 문화의 유산인 것이다.

육중한 몸을 한 중년의 웨이터가 와서 메뉴판을 건네준다. 선뜻 고르지 못해 몇 마디 물어보았더니 웨이터가 정중하면서도 천연덕스럽게 몇몇 음료와 차를 권한다. 이런 모습은 분명 여타 라틴아메리카 국가에서는 보기 힘들다. 다른 나라에서는 으레 젊고 피부색이 가무잡잡한 웨이터들이 서빙을 한다. 그리고 그들의 태도는 보통 당당함과는 거리가 멀다. 잘못한 것도 없는데 괜히 손님들 눈치를 살피는 일도 허다하다. 그러다 손님이 뭔가 불만을 이야기하면 지나치게 절절매거나 얼렁뚱땅 넘기려 한다. 웨이터라는 직업이 천한 직종으로 여겨지다보니 그렇다. 그러나 부에노스아이레스의 유명 카페들의 주인은 물론 웨이터까지도 늘 당당하다. 유서 깊은 카페에서 일한다는 자부심 때문이기도 하지만 경력 있는 웨이터를 우대하기 때문이다. 체구가 당당하고 머리가 희끗희끗한 웨이터들이 더 높은 급료를 받고 다른 카페로 옮기는 일이 심심찮게 있을 정도다. 당연히 이들은 자신이 몸담은 업소에 대해서뿐만 아니라 직업 자체에 대한 자부심도 비교적 높을 수밖에 없다. 그 자부심이 당당함을 낳고, 오랜 경력이 세련된 서비스로 이어지는 것이다.

카페 토르토니 안쪽에는 알폰시나 스토르니 살롱이라는 작은 무대가 있다. 각종 공연을 위해 마련된 공간이다. 알폰시나 스토르니는 여성 시인으로 토르토니를 문화공간으로 탈바꿈시킨 주역의 한 사람이다. 토르토니가

:: 스무 살 시절의 알폰시나 스토르니

문화공간으로 이름을 떨치게 된 것은 1926년부터 예술인들과 문인들의 모임이 열리면서부터였다. 문인들 중에서는 보르헤스, 스토르니, 로베르토 아를트, 라울 곤살레스 투뇬 등이 모임에 적극적으로 참여하여 보데가스페인어로 '창고'라는 뜻라는 지하 살롱에서 문학의 밤을 위시한 다양한 행사를 열었다. 이 모임은 마리네티나 피란델로, 호세 오르테가 이 가세트 등도 부에노스아이레스를 방문

:: 페미니즘 문학을 개척한 알폰시나 스토르니와 여성 문인들. 왼쪽에서 두번째가 스토르니이다.

했을 때 참여한 적이 있을 정도로 화제를 불러일으켰다. 모임은 1943년까지 계속되었다. 모임이 중단되었을 때 집기를 판 수익금 중 일부는 그보다 몇 년 전에 세상을 떠난 알폰시나 스토르니 추모비 건립에 사용되었다. 그리고 1층의 살롱은 그녀를 추모하기 위해 알폰시나 스토르니 살롱이라고 이름 붙였다. 하지만 살롱에 이름을 붙이고 추모비 건립에 성금을 보탠 것이 순전히 스토르니와 카페 토르토니의 인연 때문만은 아니다. 무엇보다도 그녀의 삶이 너무도 기구했기 때문이다.

1938년 아르헨티나의 휴양 도시 마르델플라타 주민들은 전율했다. 바닷가에 알폰시나 스토르니의 시신이 떠올랐기 때문이다. 오랫동안 암으로 투병하다가 바다에 몸을 던져 스스로 목숨을 끊은 것이다. 죽기 며칠전 그녀는 일간지 『나시온』에 보낼 최후의 시를 썼다. 이미 자살을 결심한 듯, 제목은 「잠을 자려네」였다. 잠을 푹 잘 수 있도록 유모에게 등잔불을 낮춰달라고 부탁하는 구절이나, 혹시 찾는 이가 있어도 그냥 내버려두라는 구절 등이 그녀의 외롭고 한 많은 삶을 연상시켜 많은 이의 심금을 울렸다.

그녀의 삶은 고단할 수밖에 없었다. 당시 사회 분위기로는 용납할 수 없는 원죄를 짊어졌기 때문이다. 무엇보다도 그녀는 스무 살에 사생아를 낳은 미혼모였다. 지방 생활의 지루함을 못 이겨 문학 모임에 나가다가 유부남과 이루어질 수 없는 사랑에 빠진 것이다. 그러나 그 업보는 평생 그녀 혼자 짊어져야 했다. 임신한 사실을 알게 되었을 때 스토르니는 사람들의 지탄이 너무도 두려워 교사직도 버리고 무작정 상경했다. 그때부터 생계를 위해 아무 일이나 닥치는 대로 해야 했고, 홀로 아이를 키우느라 설움도 많이 겪었다.

하루아침에 까마득한 낭떠러지 아래로 굴러 떨어진 듯한 절망감에 몸을 떨던 그 시절에 스토르니는 문학이라는 우주를 발견했다. 이제는 더이상 취미삼아 글을 쓰던 꿈 많은 소녀가 아니었다. 현실의 고단함을 잊고 영혼의 상처를 치유받고자 때로는 전보용지까지 훔쳐서 종이로 사용하면서 시작에 몰두했다. 그러나 그 몸부림이 또다른 조롱거리가 되었다. 사실 스토르니의 문학적 소양은 보잘것없었다. 몰락한 집안에 태어나 어찌어찌 시골 사범학교를 다녔고, 그 학교 도서관의 몇 권 안 되는 책을 수없이 빌려본 정도였다. 그리고 예의 문학 모임에 잠시 다닌 것이 전부였다.

비록 아르헨티나가 다른 라틴아메리카 국가에 비해 문학의 대중화가 빨랐다지만, 당시는 부에노스아이레스의 좋은 집안에서 태어나 훌륭한 교육을 받은 엘리트들이 굳건하게 문단의 주류를 형성하고 있던 시절이었다. 시골 출신인 데다가 홀로 더듬더듬 문학의 우주를 찾아온 스토르니가 그들에게 경원당한 것은 당연한 일이었다. 그녀의 시집이 차곡차곡 쌓이고 독자들에게 반향을 불러일으켜도 그들의 반응은 달라지지 않았다. 아니 오히려 그녀의 시 경향 때문에 더 차가워졌다. 혁신적인 시어를 구사하거나, 고상한 시를 쓰거나, 하다못해 계급투쟁을 옹호하는 시라도 썼다면 그렇게까지 그녀에게 냉담하지 않았을지도 모른다. 그러나 그녀의 시는 주로 사랑을 노래하고 관능에 젖어 있었다. 아르헨티나 문단 주류 입장에서 볼 때 스토르니는 불경스럽게도 문학을 통속화시킨 속물 여류시인이었을 뿐이다.

그러나 스토르니는 적어도 여성들에게는 전폭적인 인기를 누렸다. 여성의 감성에 호소하는 시를 썼을 뿐만 아니라 여성에게 씌워진 굴레를 신랄하게 공박했다. 다시 말해 아르헨티나에서 여성주의 글쓰기를 선도한 것이다. 이는 결혼을 하지 않고 아이를 낳았다고 여성에게만 손가락질하던 사회에 대한 통렬한 복수였다. 스토르니는 행동도 거침없었다. 일례로 여성 문인으로는 아르헨티나 문단에서 처음으로 방케테에 적극적으로 참여하였다. 방케테는 연회라는 뜻으로, 당시 아르헨티나 문인들은 주말 등을 이용해 방케테를 열고 문학을 논하는 풍습이 있었다. 그러나 방케테는 남성의 전유물이라 아주 특별한 경우가 아니면 여성의 참여를 제한하였다. 그렇지만 스토르니는 그런 인습에 굴하지 않았다. 남들이 미혼모라고 손가락질을 해도, 또 속물 여류시인이라고 수군거려도 가슴을 펴고 방케테에 참석해 남성 작가들과 토론을 했다. 스토르니가 차디찬 시신이 되어 바다에서 떠올랐을 때 수많은 여인들이 눈물을 흘렸다고 한다. 아마도 그네들 상당수가, 스토르니의 젊은 시절처럼, 기구한 삶을 살았을 것이다.

카페 토르토니 살롱에 알폰시나 스토르니의 이름이 붙고, 그녀가 영원한 안식처로 삼은 마르델플라타 바닷가에도 추모비가 세워졌지만 그녀를 불멸의 신화로 만든 것은 한 곡의 노래였다. 아리엘 라미레스가 작곡하고 펠릭스 루나가 노랫말을 붙인 「알폰시나와 바다」(Alfonsina y el mar)이다. 미혼모에다 속물 여류시인이라는 '죄'로 신열에 들떠 서러움을 토하는 삶을 살았던 스토르니. 죽음의 순간마저 절대 고독을 택할 수밖에 없었던 그녀의 영혼을 처연한 아름다움으로 승화시키면서도 따스하게 어루만진 노래였다. 이 노래에서 스토르니는 삶의 무게와 피곤함에서 벗어나고자 바닷가로 난 오솔길을 걷는다. 그러나 그 길을 시적 영감을 얻으러 가는 길로 묘사해 자신의 죽음을 문학에 대한 열정으로 승화시켰다. 현실의 스토르니는 차디찬 주검이 되어 물위로 떠올랐지만 노래 속의 그녀는 바다의 뮤즈가 되었다. 그리고 바다옷을 입은 스토르니 주변에는 바다의 주민들이 한가롭게 노닐며 그녀가 한번도 느끼지 못한 아늑한 분위기를 만든다. 이는 평소 바다를 유난히 좋아하던 스토르니가 「바다 밑의 나」(Yo en el fondo del mar)라는 시에서 그린 자화상에서 비롯된 것이다. 「알폰시나와 바다」의 노랫말은 다음과 같다.

그대의 가녀린 자취는 파도가 어루만지는
고운 백사장으로 결코 돌아오지 않으리.
한과 침묵이 감도는 호젓한 길이
바다 속 깊이 다다랐네.
순결한 고통의 호젓한 길이
물거품 속으로 사라졌네.

신은 아시지,
얼마나 큰 고뇌가 그대를 따르고,
어두운 바다 밑바닥에서

고동이 부르는 자장가에

포근히 파묻히려고

얼마나 큰, 오랜 고통을 삼키고 있는지.

알폰시나여, 고독을 안고 가는구려.

어떤 새로운 시를 찾으러 갔나요?

바닷바람의 해묵은 목소리가

그대 영혼을 어루만지며 데려가는구려.

그리고 그대는 꿈에 취한 듯

바다옷을 입고 그리로 가네.

다섯 인어가

해초와 산호초 길로 인도하리니.

푸르게 빛나는 해마들이

옆에서 원무를 그리고

어느새 바다의 주민들이

옆에서 노니리니.

「알폰시나와 바다」는 전주와 간주도 압권이다. 스토르니가 받은 수많은 상처, 자그마한 상처까지도 하나하나 어루만지는 듯한 인상을 주기에 더욱 그렇다. 감미로움으로 포장된 멜로디임에도 삶의 굴곡이 담겨 있고 고독의 무늬가 느껴진다. 예술가의 혼은 예술가만이 달랠 수 있는 법인지……. 작곡자인 아리엘 라미레스야말로 아르헨티나를 대표하는 클래식 음악가이다. 그는 「크리오요라틴아메리카에서 태어난 백인. 하지만 아르헨티나의 경우 19세기 말부터 대거 몰려온 이민자의 반대말로 쓰이기도 한다 미사」(Misa criolla, 1964)로 세계적인 명성을 얻었는데, 이 곡이 현대 클래식 음악의 고전으로 꼽히는 이유는 서구인의 감성에 맞추려 하지 않고 아르헨티나인들의 영혼의 떨림을 표출하려 했기 때문이다. 「알폰시나와 바다」 역시 스토르니의 영혼이 얼마나 상처 입었는지를 이해하려 했기 때문에 「크리오요 미사」를 뛰어넘는 대중성을 얻을 수 있었다. 스토르니의 넋을 달래기 위해서는 그녀에 대한 숱한 편견과 멸시를 잠재울 정도의 짙은 처연함이 필요하다는 것을 라미레스는 깨달았던 것이다.

04 한 세기를 뛰어넘은 시선

부에노스아이레스에 머무는 동안 두 차례 탱고 공연을 볼 기회가 있었다. 그러다가 우연히 카페 토르토니를 다시 찾게 되었다. 다시 그곳에 들렀을 때 알폰시나 스토르니 살롱에서는 탱고 공연이 한창이었다. 그날은 8시 반과 10시 반 두 차례 공연이 예정되어 있었는데 어중간한 시간에 가는 바람에 살롱 바깥에서 잠시 시간을 보낼 수밖에 없었다. 나 말고도, 노년으로 접어드는 신사 몇 사람과 관광객들이 공연이 끝나기를 기다리며 이야기를 나누고 있었다. 기다리기 지루한지 간간히 탱고를 흥얼거리는 모양으로 보아 아르헨티나인들이었다. 그러는 사이 초저녁 공연이 끝났다. 그러나 흥겨운 저녁 한때를 보낸 사람들은 얼른 일어설 생각을 하지 않았다. 그러던 중 또다시 노래 소리가 들려 안을 들여다보니 나이가 80은 됨직한 할머니가 주위를 전혀 의식하지 않고 즉석에서 탱고를 한 가락 뽑고 있었다. 같은 테이블에 앉아 있던 사람들이 장단을 맞춰주자 자리에서 일어나 덩실덩실 춤까지 추며 메들리로 노래를 이어갔다. 마치 1920~30년대의 고전적인 탱고를 듣는 기분이었다. 그 당시 탱고를 듣노라면 축음기에서 흘러나오는 노래를 듣는 듯한 느낌이 든다. 워낙 오래전에 만들어진 곡들이라 지금의 감수성으로는 왠지 낯설기 때문이다. 그런데 그 할머니의 노래가 바로 그런 분위기를 자아냈다.

　　　　　어쩌면 그 할머니나 밖에서 기다리던 나이 지긋한 신사들은 그런 분위기에 젖을 수 있어 이곳을 찾았을지도 모른다. 비록 알폰시나 스토르니 살롱이 다양한 공연에 문호를 개방하고 있지만 그래도 덜 상업적인 탱고 공연을 볼 수 있는 곳이다. 덜 상업적이라고 하는 이유는 최근 부에노스아이레스의 탱고 공연, 특히 카페나 바를 중심으로 한 공연들이 관광객들의 발걸음을 붙잡기 위해 스펙터클에 신경을 쓰고 있는 데 반해 카페 토르토니는 변형되거나 다른 장르와 섞이지 않은 탱고를 고집하기 때문이다. 아르헨티나 문화 전통의 보존자라는 카페 토르토니의 자부심이 낳은 결과이다. 아이러니한 점은 카페 토르토니를 비롯해 5월 가의 모든 카페가 오랫동안 탱고에 문호를 개방하지 않았다는 사실이다. 5월 가가 파리의 도시계획을 본 떠 만든 거리라는 점을 상기하면 그럴 만도 하다. 5월 가야말로 서구화를 지향하던 아르헨티나 지배 엘리트들의 꿈이 담겨 있는 도로이며 카페 토르토니도 처음에는 그들만이 모여 사교활동을 하던 곳이었다. 파리를 필두로 유럽에서 탱고가 인기를 끌기 전까지만 해도, 아르헨티나 지배 엘리트들에게 탱고는 천박한 사람들이나 외국인들이 즐기는 국적 불명의 춤이었다. 따라서 탱고가 5월 가에 발을 붙이기는 쉽지 않았던 것이다.

　　카페 토르토니와는 무관하지만 이 건물 2층에는 국립탱고아카데미도 있어서 5월 가가 이제는 탱고의 본산임을 과시한다. 1990년 6월 29일 문을 연 국립탱고아카데미는 아르헨티나 의회의 주선으로 탱고의 보존과 확산을 목적으로 설립된 기관이다. 탱고가 발생한 지 100여 년 만에 아르헨티나의 전통문화로 인정을 받은 셈이다. 국립탱고아카데미는 이에 만족하지 않고 탱고를 유네스코가 지정하는 인류문화유산으로 등록하기 위해 애쓰고 있다.

　　젊은 시절의 탱고에 흠뻑 젖은 그 할머니 덕분에 밤 공연은 11시가 다 되어서야 시작되었다. 노래와 연주와 춤이 적당히 구색을 갖춘 공연이었다. 알폰시나 스토르니 살롱의 무대가 좁은데도 불구하고 공연진이 나름대로 많은 것을 보여주려고 노력한 덕분이다. 원래 탱고는 춤으로 시작되었지만 1세기가 훨씬 넘는 역사를 이어오면서 연주곡으로 인기를 끌던 시대도 있었고, 노래가 전성기를 구가하던 시대도 있었는가 하면, 스펙터클이 있는 공연을 지향하던 시기도 있었다. 탱고가 그만큼 다채로운 레퍼토리를 가지게 된 것이다. 가장 좋았던 것은 카페 토르토니가 '전통적'인 탱고를 지향하는 만큼 잠시나마 탱고의 황금기였던 1920~1930년대를 기웃거리는 듯한 느낌이 들어서였다. 특히 가르델의 「간발의 차이로」(Por una cabeza)나 「그대 나를 좋아하게 될 날」(El día que me quieras) 등이 리메이크되지 않은 버전으로 흘러나올 때가 그러했다.

　　그러던 중 무대의 배경 사진이 탱고의 황금기에 대한 단상을 깨뜨렸다. 무대 뒤편을 다 덮은 커다란 사진은 카페 토르토니가 5월 가로 옮겼을 무렵에 찍은 사진이라니 100년이 넘은 것이었다. 당시의 손님들과 웨이터를 찍은 사진이었다. 단정하지만 움츠러든 듯한 자세로 사진 촬영에 임한 웨이터의 모습이 왠지 예사롭지 않게 느껴졌다. 그는 누구였을까? 무슨 사연이 있어서 그렇게 잔뜩 굳어 있는 것일까? 자세만큼이나 움츠러든 그의 시선은 어디로 향하고 있는 걸까? 어쩌면 그도 아르헨티나가 곡물과 육류 수출로 돈벼락을 맞았을 때, 신기루를 좇아 머나먼 타국에 왔다가 밑바닥 인생을 살아야만 했던 이민자였을지도 모른다. 설사 그가 이민자가 아니라도 부에노스아이레스의 영광 뒤편에서 그림자 인생을 살았을 것은 분명하다. 오만한 모습으로 테이블에 앉아서 사진을 찍은 신사가 부에노스아이레스의 빛이라면 웨이터는 길게 드리워진 그림자인 것이다.

　　　　19세기 말부터 20세기 초까지 부에노스아이레스는 자고나면 도시 경관이 바뀔 정도로 번영을 누렸다. 그러나 그것은 허상이었다. 소수의 사

:: 한 세기를 넘어 반도네온을 바라보는
웨이터의 시선

람들이 부와 권력을 거의 완벽하게 독점하고 있는 나라에 꿈에 부푼 이민자들이 대거 몰려들었을 때 사회적 갈등은 예견된 것이었다. 모든 라틴아메리카인이 부러워하는 나라였지만 아르헨티나는 범죄학과 정신분석학이 가장 발달한 나라 중 하나였다. 사회적 혼란 방지에 고심하여 범죄학이 발달했고, 이상과 현실이 다르다는 것을 뼈저리게 체험한 사람들이 정신분열증에 시달려 정신분석학이 발달한 나라가 아르헨티나였던 것이다. 못가진 자들은 모든 것을 원망하고 거리낌 없이 적대감을 표출했다. 조금이나마 가진 사람들은 더 많이 가지기 위해 악을 썼다. 그리고 가진 자들은 아무것도 빼앗기지 않으려 했다.

아르헨티나의 번영에 현혹된 이들은 근대화되고 서구화된 부에노스아이레스의 외양에 반했지만, 그 뒤안길을 엿본 사람들은 인간의 추악한 본성에 경악하였다. 탱고의 노랫말을 시로 승화시켰다는 평가를 받는 엔리케 산토스 디세폴로의 「고물상」(Cambalache)이야말로 그 추악한 본성에 주목한 대표적인 곡이다. 이 노래는 한 편의 시이되 전혀 아름답지 않다. 탱고 황금기의 수많은 노래들처럼 대중의 감성에 영합해 사랑타령을 하지도 않는다. 환멸과 조소와 풍자만이 가득할 뿐이다. 「고물상」이 인간의 추악함을 신랄하게 비판한 데는 고아로 불우한 유년기를 보낸 디세폴로의 경험도 작용했을 것이다.

세상은 쓰레기였고 앞으로도 그럴 거야,

나는 알지.

서기 506년에도 그랬고,

:: 부에노스아이레스의 뒤안길이었던 빈민촌의 모습

:: 남미의 파리를 염원했던 부에노스아이레스인의 열망이 담긴 5월 가. 파리를 본떠 19세기 말에 만들었다.

2000년에도 그럴 거야.

도둑은 언제나 있었지,

마키아벨리가 있는가 하면 속는 사람이 있고,

만족하는 이와 고통스런 이가 있고,

진짜와 모조품이 있지.

그러나 20세기에는

뻔뻔스런 사악함이

활개를 치네,

아무도 그걸 부정 못 할걸.

우리는 싸움판에서

난투를 벌이고

진흙탕에

뒹굴며 산다네.

　사진 속의 웨이터는 그 처절한 20세기, 싸움판과 진흙탕의 한 세기가 오는 것을 보고 잔뜩 움츠러들어 있었던 것일까? 다행히 오늘만은 그의 앞에서 반도네온이 울려퍼지고 있었다. 반도네온은 19세기 말 독일에서 건너와 탱고와 함께 불멸의 삶을 얻은 악기이다. 아코디언을 닮은 반도네온은 무엇보다도 흐느껴 울 줄 아는 악기이다. 타향살이에 지친 이민자들이나 밑바닥 인생의 설움을 선술집에서 토로하던 이들의 감성에 잘 어울렸고 그래서 탱고와

함께 불멸의 삶을 얻을 수 있었다. 반도네온을 켜는 모습을 보면 그 굽이굽이 주름에 마치 굴곡진 인생살이가 담겨 있는 듯하다. 「어이, 반도네온」(Che, Bandoneón)에서는 다음과 같이 노래한다.

> 어이, 반도네온, 자네의 소리혼은
>
> 타인의 고통을 가련히 여기는군.
>
> 반도네온을 켤 때면 잠자던 자네 풀무는
>
> 가장 아파하는 가슴을 파고드네.

웨이터의 시선은 틀림없이 한 세기를 뛰어넘어 그의 앞에서 울려 퍼지는 반도네온으로 향하고 있는 것 같았다. 파란만장한 삶을 살았을 수많은 민초들이 반도네온을 들으며 슬픔과 번뇌를 삭였으니, 100여 년 전의 그 웨이터 역시 반도네온을 들으며 자신의 그림자 인생을 잠시나마 잊을 수 있었으리라.

:: 곡절 많은 인생살이를 반도네온에 담는 듯한 반도네온 연주자

05 귀족적 오만함을 뿜어내는 춤
탱고

또다른 탱고 공연을 보기 위해 산텔모를 찾은 것은 어둠이 깔릴 무렵이었다. 예나 지금이나 칙칙한 분위기여서 선뜻 호감이 안 가는 지역이다. 무엇보다 가로등이 드문드문 있어 거리가 전체적으로 어두웠다. 또한 부에노스아이레스에서 제일 오래된 지역 중 하나이다보니 집들이 몹시 낡았고, 제때에 보수를 하지 않아 전체적으로 퇴락했다는 느낌을 주었다. 그러나 건물들을 찬찬히 살펴보면 옛날의 영화를 짐작할 수 있다. 그도 그럴 것이 1871년 전염병이 돌아 이곳 주민이 시 외곽으로 대거 이주하기 전만 해도 산텔모는 부유층의 거주지였다. 전염병이 잠잠해진 이후 그들은 돌아오지 않았다. 이민자들이 아르헨티나로 몰려들면서 하구와 가까운 산텔모도 예전처럼 조용할 수는 없었기 때문이다. 그렇게 퇴락했음에도 산텔모는 외국인 관광객들이 많이 찾는 곳이다. 유서 깊은 탱고 바와 레스토랑들이 있기 때문이다.

　　　산텔모에 도착했을 때는 이미 관광버스와 택시들이 거리를 가득 메우고 있었다. 예전보다 오히려 더 북적대는 느낌이었다. 아르헨티나 경제가 나빠지고 화폐가치가 폭락하면서 외국인 관광객이 늘었다는 이야기를 들은 기억이 났다. 하긴 나도 이틀에 비에호알마센이나 라벤타나 같은 일급 탱고 레스토랑에 가볼 생각을 했으니 다른 외국인들도 마찬가지였으리라. 마침 라벤타나 공연 시간이 얼마 남지 않아 입장권을 샀다. 음료수 한 잔만 제공되는 제일 싼 입장료인데도 25달러나 했다. 물론 예전 같으면 60달러 내지 80달러는 했을 것이다. 라벤타나는 바깥에서 생각했던 것보다 훨씬 넓었지만 단체관광객들이

:: 산텔모의 유서 깊은 탱고 바
　　비에호알마센

많아 발 디딜 틈이 없었다. 뒤쪽이나 2층에는 4인용 테이블도 있고 커플 손님들을 위한 자리도 있었지만 나처럼 미리 예약을 하지 않은 사람에게 돌아갈 자리는 없거니와, 혼자 온 사람이 테이블 하나를 차지하겠다고 할 수도 없을 만큼 손님들이 넘쳐났다. 그래서 다른 손님들과 합석을 할 수밖에 없었다.

공연 시간이 되자 탱고 악단이 무대에 자리를 잡았다. 반도네온 연주자 셋, 바이올린 연주자 둘에 피아노와 베이스를 담당하는 연주자가 한 사람씩 있는 7중주단이었다. 표준악단은 아닌 셈이다. 표준악단은 반도네온 둘, 바이올린 둘, 피아노, 베이스로 구성되어 있으며 탱고의 황금기에 정착되어 대체로 1940년대까지 유지된 악단 형태이다. 그러나 이미 1950년대부터 탱고의 혁신을 위한 갖가지 실험이 끊이지 않았기 때문에 표준악단이 아니라고 해서 흠이 되지는 않는다. 라벤타나의 악단이 특별히 반도네온 연주자를 셋을 둔 이유는 공연 시작과 함께 「내 사랑하는 부에노스아이레스」가 울려퍼졌을 때 알 수 있었다. 무대 가운데 앉은 반도네온 연주자가 일개 연주자가 아니라 지휘자

:: 영혼과 육체를 다 바쳐 연주하는
라벤타나의 반도네온 연주자

62

의 역할을 겸하고 있었던 것이다. 아주 큰 동작으로 반도네온을 연주함으로써 손님들의 시선을 무대로 쏠리게 만들고, 동시에 동료 연주자들을 독려하고 있었다. 반도네온을 다이내믹하게 다루면서도 섬세한 음을 사이사이 자아낼 줄 아는 능란함을 겸비해 연주자로서도 무대를 이끌기에 충분한 자질을 가지고 있었다.

그에게는 세월마저 멈추어버린 듯했다. 백발이 성성했지만 그의 커다란 몸동작은 청춘의 정열을 발산하고 있었고, 육중한 몸에서는 당당함이 배어났다. 정말로 신선하게 다가온 것은 그의 표정이었다. 흥겨움이 절로 솟아나면서도 자부심이 가득한 표정이었다. 그 자부심은 한때 부에노스아이레스가 번영을 구가하던 시절의 포르테뇨들의 것처럼 보이기도 하고, 탱고가 아르헨티나 문화의 정수이자 세계 어디에 내놓아도 손색없는 예술이라고 믿어 의심치 않는 탱고 거장들의 자부심 같기도 했다. 분명한 것은 반도네온과 함께 평생을 살아온 장인에게서만 우러나올 수 있는 표정이라는 점이다.

그 표정은 일개 딴따라에서 어느 날 문득 대중적인 스타가 된 가르델 류의 환희도 아니요 탱고를 예술의 경지로 끌어올린 피아졸라 류의 진지함도 아니었다. 굳이 기원을 찾자면 '뚱뚱이'라는 애칭으로 불리던 아니발 트로일로로 거슬러올라갈 수 있다. 탱고 역사에서 가장 대중적인 악단을 이끌었던 트로일로는 흔히 반도네온 연주자의 전형으로 꼽힌다. 반도네온은 무게도 만만치 않고 켜는 동작 또한 커서 힘이 많이 드는 악기이다. 그래서 반도네온 연주자는 보통 앉아서 연주를 한다. 트로일로가 반도네온 연주자의 전형으로

:: '뚱보' 라는 애칭으로 불렸던 반도네온의 거장 아니발 트로일로

꼽히는 데는 악보도 읽을 줄 모르면서 어떠한 곡이라도 연주해내는 음악성도 음악성이지만 육중한 몸 덕분에 반도네온을 자유자재로 다루는 듯한 인상을 주었기 때문이다. 트로일로는 1920~1950년대 탱고 황금기의 마지막 거장이었다. 그에게 '마지막'이라는 표현을 쓸 수 있는 것은 단지 그가 왕성하게 활동하던 시절이 탱고 황금기의 마지막 자락이기 때문만은 아니다. 그는 탱고 황금기의 모든 레퍼토리를 집대성하고자 했다. 음악적 야심 때문이 아니다. 단지 무도장을 찾는 모든 연령대의 손님과 탱고에 대한 그들의 갖가지 취향을 만족시켜주고 싶었을 뿐이다. 그는 탱고 악단의 미덕은 무도장을 찾는 사람들이 가장 즐겁고 편안하게 탱고를 출 수 있게 하는 것이라고 말하곤 했다.

그의 악단에 훗날 탱고의 부흥을 선도하고 탱고를 예술로 승화시켰던 피아졸라가 있었다는 사실 자체가 탱고 변천사에서 상징적인 사건이다. 비록 트로일로가 과거의 탱고 레퍼토리를 집대성하려고 노력했다고는 하지만 1930년대 탱고가 전통파와 진화파로 나뉘었을 때 그는 진화파의 대표적 인물이었다. 그러나 피아졸라는 탱고의 진화가 아니라 전위예술화를 원했기에 트로일로가 주장하는 진화가 성에 차지 않았다.

피아졸라는 18세 때에 트로일로 악단의 연주를 들으러 갔다가, 단원 중 한 사람이 갑자기 나오지 못하게 되었다는 사실을 알고 자신을 쓰면 된다고 큰소리쳤다고 한다. 트로일로는 반신반의하며 그날 공연에 피아졸라를 참여시켰고 그의 재능에 크게 만족하였다. 그후 피아졸라는 1944년까지 5년 동안 악단 멤버로 활동하며 다른 단원들의 시기심을 유발할 만큼 중요한 역할을 부여받곤 했다. 피아졸라가 큰소리친 이유는 그가 평소 트로일로를 탱고의 거장으로 흠모하던 터라 트로일로 악단의 레퍼토리를 꿰고 있었기 때문이다. 그러나 피아졸라는 점점 회의를 느꼈다. 과거의 탱고와 결별하고 새로운 탱고를 하고 싶었고, 춤추는 사람을 위한 음악이 아니라 자신만의 음악세계를 개척하고 싶었기 때문이다. 그럴 때마다 트로일로는 완강했다. 손님들에게 친숙한 곡과 연주방법만을 고집했고 그것이 피아졸라가 악단을 떠나게 된 이유 중 하나였다. 새로움이나 예술성보다 그때까지의 주옥 같은 탱고를 모두 섭렵하는 것으로 만족할 수 있었던 것은 트로일로의 생활태도와 무관하지 않다. 그가 연주하는 카페나 무도장은 그의 집이나 마찬가지였다. 그곳으로 찾아오는 수많은 친구와 술잔을 기울이며 정담을 나누고 손님들과도 스스럼없이 어울렸다. 사람들 속에서 살아가는 삶을 원했지 홀로 빛나고자 하는 욕심이 없었으니 예술가가 될 수는 없었으리라.

라벤타나의 반도네온 장인이 뿜어내는 역동성이 공연 분위기를 점점 고조시켰다. 카페 토르토니에서와 마찬가지로 노래와 연주와 춤을 넘나들며 다채롭게 구성된 공연이었다. 특히 한 쌍의 커플이 선보인 에로틱한 탱고가 박수갈채를 받았다. 예나 지금이나 춤으로서의 탱고의 매력은 에로티시즘에 있는 듯하다. 사실 1910년대 파리를 시작으로 유럽에서 탱고가 선풍적인 인기를 끌게 된 비결이 바로 에로티시즘이었다. 1950년대 세계를 휩쓴 블루스가 등장하기 전이었던 그때에 탱고만큼 선정성 논란을 불러일으킨 춤도 없었다. 탱고를 일컬어 '수평적 욕망의 수직적 표현'이라고 평하는 이까지 있을 정도였

으니 말이다.

그렇지만 사실 람바다니 살사니 하는, 라틴아메리카의 정열을 한 껏 발산하는 춤들에 비해 탱고는 남녀 사이의 노골적인 신체 접촉은 거의 없는 편이다. 탱고는 상체와 목을 꼿꼿이 세우고 상대와 적당한 거리를 유지한 채 추는 춤이다. 팔동작도 기본적으로는 각 진 자세, 곧추세운 자세를 유지한다. 얼굴에서도 전혀 환희의 표정을 찾아볼 수 없다. 차가운 무표정, 고정된 시선은 마네킹을 떠올리게 할 정도이다. 그렇다면 탱고의 에로티시즘은 어디에서 발산되는 것일까? 바로 상대방과 춤을 즐기면서도 오만한 거리, 냉랭한 시선을 유지하는 태도에서 비롯된다. 귀족적 거리라고나 할까. 그 귀족적 거리가 자아 내는 에로티시즘을 가장 명확히 표현하는 동작이 다리 동작이다. 서로 다리를 가볍게 스치거나 상대방의 가랑이 사이에 날렵하게 다리를 집어넣었다 뺐다 하는 현란한 다리 동작으로 탱고는 일명 '다리 사이의 전쟁'이라고 불리기도 한다. 하지만 이 또한 노골적인 접촉이 아니라 애간장을 태우는 스침이다. 그 렇기 때문에 춤을 추는 사람들이 느끼는 에로티시즘도 없지 않겠지만 남녀 댄 서들 사이에 흐르는 팽팽한 긴장을 보는 이들이 오히려 에로티시즘을 더 강하 게 느낀다.

귀족적 오만함만큼 도발적인 매력을 불러일으키는 것은 없다. 감 각의 제국 할리우드가 이를 놓칠 리 없다. 영화 「여인의 향기」에는 퇴역 장교 알 파치노가 탱고를 추는 장면이 나온다. 우리나라에서도 많은 이들이 기억하 는 장면이다. 시각 장애인 주인공 알 파치노는 여행중에 마지막으로 삶의 쾌락을 맛보고 싶어한다. 그리고 어느 레스토랑에서 애인을 기다리는 한 아리따운 여인에게 춤을 청한다. 앞을 보지 못하면서도 처음부터 끝까지 늠름하고 세련되게 춤을 리드하는 그이의 의연한 모습에 관객들은 진한 감동을 느끼게 마련이다. 알 파치노 또한 상체와 머리, 그리고 시선을 고정시킨 채 상대방의 얼굴을 비스듬히 쳐다보고 있다. 그런데 시각 장애인이기 때문에 시선이 고정된 게 아니라는 점을 알아야 한다. 본래 탱고 자체가 상대방을 훑어보고 싶은 욕망을 귀족적 오만함으로 억제하기 때문에 시선을 한곳에 고정하게 마련이다. 그래서 상대방 눈을 뚫어지게 쳐다보거나 비스듬히 쳐다볼 뿐이다. 탱고는 발산되는 열정이라기보다는 은밀하게 억제된 침묵의 열정인 것이다. 영화 속의 장면에서 옥에 티라면 어느 순간 알 파치노에게 문득문득 피어나는 환희의 표정이다. 실제 탱고 공연이었다면 그러한 환희마저 속으로 삼켰을 것이다.

06 탱고 앞에 멈춰 선 버스

부에노스아이레스를 떠나야 할 때가 다가왔다. 떠나기 전날 저녁 카미니토로 갔다. 카미니토는 '작은 길'이라는 뜻으로, 말 그대로 골목길에 불과하다. 카미니토가 오늘날 부에노스아이레스를 찾는 이들의 발걸음을 잡아끄는 이유는 탱고의 발상지라고 일컬어지기 때문이다. 그러나 카미니토가 탱고의 발상지라는 말은 후대에 만들어진 신화일 뿐이다. 수많은 춤들이 그렇듯이 탱고도 그 기원이 명확하지 않다. 1870~80년대에 부에노스아이레스 거리에서 이미 탱고를 추었다는 것까지는 정설로 받아들여지지만 부에노스아이레스에서 탱고가 탄생했다는 것은 가설일 뿐이다. 가령 우루과이인들은 자국이 탱고의 발상지라고 주장하는 판국이다. 카미니토가 탱고의 발상지라는 신화가 생겨난 것은 1959년의 일이다. 보카의 이탈리아 이민자촌에서 성장한 화가 베니토 킨케라 마르틴이 카미니토를 보행자 도로로 만들고 탱고와 관련된 문화활동을 벌였다. 그 자신이 탱고를 소재로 한 그림을 많이 그렸기에 거리 전체를 화폭으로 삼아 탱고를 예찬한 셈이다. 그러나 카미니토라는 이름은 그가 붙인 것이 아니다. 베르나르도 가고라는 보카의 구청장이 후안 데 디오스 필리베르토라는 전설적인 탱고 작곡가를 기념해서 붙인 이름이다. 그래서 카미니토에는 필리베르토의 인물상이 있다. 필리베르토는 1926년 「카미니토」라는 곡을 작곡해 크게 히트시켰는데, 아이러니한 것은 '카미니토'가 지금의 보카 거리가 아니라 리오하 지방의 작은 시골길이라는 점이다. 「카미니토」의 노랫말을 쓴 가비노 코리아 페냘로사가 리오하 출신인데, 어린 시절의 고향길을 회상하며 '카미니토'라는 제목을 붙인 것이다.

　　　　너무나 오랜만에 카미니토를 다시 찾았지만 빨강, 파랑, 노랑, 초

:: 카미니토 입구

록 등 다채로운 색채가 교차하는 집들과 담벼락을 보는 순간 옛 기억이 되살아 났다. 당시 나는 그 색채의 향연을 보고 색다르다는 느낌을 받았지만 또 한편 촌스럽고 경박하다는 느낌을 못내 지울 수 없었다. 집마다 또 담벼락마다 색깔이 계속 바뀌어 전체적으로 조화를 이루지 못하고, 게다가 원색이 주는 강렬함 때문에 색채들 간의 부조화가 더욱 두드러졌기 때문이다. 카미니토를 특색 있는 거리로 만들어보겠다는 킨케라 마르틴의 발상에서 비롯된 것이지만 세련된 유럽풍 도시인 부에노스아이레스에는 그다지 어울려 보이지 않았던 것이다. 그러나 다시 찾은 카미니토에서 그 색채의 향연을 보자니 예전과는 다른 생각이 들었다. 그런 경박함이 오히려 초창기 탱고의 사회적 위치를 짐작하게 해주었다. 초창기 탱고를 색깔로 상징화하려면 세련됨이나 우아함 혹은 조화로운 아름다움을 연상시키는 색으로는 곤란했을 것이다. 팜파가 일구어낸 부를 통해 유럽 상류사회의 문화에 접근할 수 있었던 아르헨티나 중상류층에게 철저히 배척받았고, 싸구려 대중문화라고 손가락질받는 와중에서도 잡초처럼 생명력을 이어가 화려하게 꽃을 피운 탱고이니만큼 도발적인 색채가 더 어울린다는 생각이 들었다.

　　카미니토 입구에는 기념품점과 탱고 바가 즐비하고 골목 안에도 탱고 관련 사진이나 그림을 파는 행상들이 있다. 골목엔 조각상이나 부조가 군데군데 눈에 띄었다. 그중에는 이민자들을 형상화한 부조도 있다. 보카 지구는 원래 이민자들의 구역이었다. 100여 년 전 아르헨티나로 몰려온 이민자들이 배에서 내리던 하구(河口)가 보카였다. 또한 이민자들 중에서 상당수는 보카에

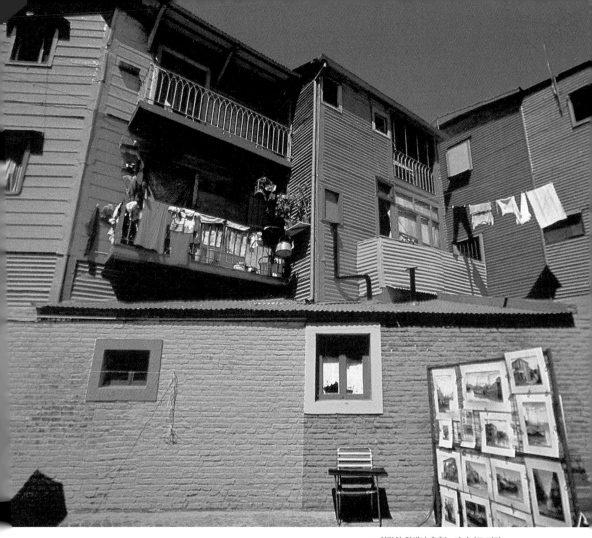

:: 현란한 원색이 춤추는 카미니토 거리

:: 에비타, 마라도나와 함께한 카를로스 가르델

정착하여 아르헨티나 생활을 시작했다. 그들 중 일부는 영원히 보카를 떠나지 않았다. 아마 보카를 벗어나면 왠지 낯설음을 느끼고, 그래서 새삼 새로운 세계에 대한 두려움도 느꼈을 것이다. 또 고국과의 가느다란 인연의 끈을 놓지 못해서 하구에 머물기를 원한 사람들도 있었을 것이다. 그리고 그들이 있는 한, 다른 지역에 정착한 사람들도 고향 소식을 들을까 하여 보카를 기웃거리게 되었으리라. 이들의 향수와 외로움을 달래주던 것이 바로 탱고였다. 이민자들의 독특한 정서가 배어 있고 탱고가 부에노스아이레스 도심으로 진출하기 전 요람 구실을 했다는 점 등으로 보카의 지역색은 유별나다. 이곳에 연고를 둔 보카 주니어스가 아르헨티나에서 가장 인기 있는 프로축구팀이고, 또한 가장 격정적인 관중을 거느리게 된 것도 보카의 독특한 지역색 때문이다.

카미니토의 독특한 풍경 중 하나는 주변의 기념품점이나 탱고 바에 있는 커다란 인물상들이다. 그중에서도 카미니토가 끝나는 곳에 위치한 한 군데 점포가 눈길을 끌었다. 이층 발코니에 세 개의 인물상이 있었는데 가운데는 에비타가, 좌우에는 마라도나와 가르델이 있었다. 그들이야말로 아르헨티나 대중에게 가장 사랑을 받은 이들이다. 1935년에 죽은 가르델이 아직 살아 있는 마라도나와 자리를 같이할 정도이니 새삼 가르델의 인기를 실감할 수 있었다. 하긴 「바람과 함께 사라지다」의 클라크 게이블이 시샘했다는 말이 있을 정도로 인기를 누린 가르델이다. 또한 부에노스아이레스 시내 차카리타 공동묘지 인근 사람들은 아직도 가르델의 무덤에 소원을 빌러 온다고 할 정도이다.

카미니토 주변에는 주말이면 부에노스아이레스 시민이나 관광객들이 거리의 악사들의 연주에 맞춰 즉석에서 탱고를 추곤 한다. 그러나 내가 간 날은 평일 늦은 오후인지라 그런 즉흥적인 광경과는 마주치지 못했다. 대신 탱고 카페의 악사들이 거리로 진출해서 손님을 끌었다. 한 카페에서 두 명의 반도네온 연주자와 전자 오르간 연주자가 그들의 악기를 보도에 설치하는 것이 보였다. 십 년 이상 사용했음직한 악보들을 주섬주섬 펼치던 그들은 우선 귀에 익은 곡들을 연주하여 사람들의 발길을 멈추게 했다. 그중 한 곡이 피아졸라의 「안녕 노니노」(Adiós Nonino)였다. 피아졸라의 곡 중에서도 가장 대중적으로 성공을 거둔 곡이다.

탱고가 매너리즘에 빠지면서 쇠퇴기에 접어든 1950년대부터 피아졸라는 탱고를 예술로 승화시키면서 부흥의 실마리를 찾아냈다. 이는 아방가르드 기법을 도입하고, 클래식이나 재즈와의 접목을 시도하는가 하면, 일종의 탱고 오페라를 기획하고, 악기 구성을 수시로 바꾸는 등 끊임없는 실험정신의 개가였다. 전통적인 탱고를 망친다고 스튜디오에 난입해 피아졸라의 머리

:: 카페 앞에서 연주를 준비하는 악사들

:: 탱고를 혁신한 피아졸라. 다른 반도네온 연주자들과는 달리 늘 서서 연주했다.

에 총을 겨누는 이까지 있을 정도로 파격적인 실험이 거듭되면서 그의 탱고는 난해하기로 이름이 높아졌다. 즉 그의 곡은 거리에서 연주하기에는 너무나 품격이 높은 것이다. 그러나 「안녕 노니노」만은 예외였다. 노니노는 피아졸라의 아버지로 1959년 그의 사망 소식을 들은 피아졸라가 아버지를 기리기 위해 만든 곡이 바로 「안녕 노니노」이다. 피아졸라답게 이 곡 역시 실험적인 기법이 녹아 있기는 마찬가지이다. 하지만 예술성보다 아버지의 죽음에 대한 애통함이 짙게 배어 있어 대중성을 획득할 수 있었다. 상실감이 느껴지는 선율로 시작했다가 가족의 행복했던 시절을 연상시키는 감미로운 선율이 흐르고, 그 감미로움이 애상조로 바뀌다가 이내 가슴이 찢어지는 듯한 아픔을 표현한 듯한 선율의 추이는, 이 곡이 만들어진 내력을 조금이라도 아는 사람에게 피아졸라의 슬픔을 공감하게 해준다.

이탈리아 이민자의 아들로 태어난 노니노는 마르델플라타에서 거주하다가 피아졸라가 네 살 때인 1925년 다시 뉴욕으로 이민을 떠났다. 영화 「대부」 2편의 배경이 된 뉴욕 뒷골목, 즉 마피아가 판을 치고 이탈리아인과 아일랜드인, 유대인이 갈등을 일으키던 그 골목이 피아졸라 가족의 거주지였고 일터였다. 일요일도 쉬지 못하고 이발소에서 일을 해도 앞날이 보이지 않던 노니노 부부가 자식을 돌볼 여유는 없었다. 피아졸라는 이미 여섯 살 때 싸움꾼이라는 이유로 두 번이나 퇴학을 당했고, 청소년기에도 공부보다는 이탈리아계 친구들과 어울려 뒷골목을 쏘다녔다. 각종 스포츠가 그들의 낙이었다면, 유대인 패거리와 패싸움을 벌이는 것은 그들의 일과였다. 훗날 피아졸라가 세계적인 명성을 얻은 뒤 미국에서 만날 수 있었던 몇 명의 어릴 적 친구들은 모두 스포츠를 업으로 삼아 인생을 살아왔다. 복싱 세계챔피언을 지냈거나 복싱 매니저 일을 하고 있거나 유명한 메이저리거 출신이었다. 그러나 그가 만나지 못한 나머지 친구들 대부분은 감옥을 들락날락하는 삶을 살았다. 피아졸라가 16세 때 그의 부모님을 따라 아르헨티나로 가지 않았다면 피아졸라 역시 탱고와는 거리가 먼 삶을 살았을지도 모를 일이다.

1959년 아버지가 죽었을 때 피아졸라는 또다시 뉴욕에 있었다. 이번에는 자신이 1958년 뉴욕으로 이민을 간 것이다. 파리 유학에서 돌아와 1955년 처음으로 LP판을 냈지만 그의 새로운 실험을 이해하는 사람은 극소수였다. 그러던 즈음 할리우드 MGM의 영화음악 담당자의 눈에 들어 스카우트 제의를 받는다. 경제적인 어려움에 시달리던 데다 전통적인 탱고만을 고집하는 부에노스아이레스의 음악인들에게 환멸을 느끼던 피아졸라는 미국으로 건너갔다. 그러나 그 미국인에게 전화를 걸었을 때 그가 이미 사망했다는 대답을 비서에게서 듣는다.

탱고를 예술로 승화시키려던 꿈도, 영화음악으로 일단 경제적 궁핍에서 벗어나고자 했던 소박한 희망도 물거품이 되고 피아졸라는 인생에서 가장 어두운 시절을 보내게 된다. 당장 생계를 걱정해야 하는 처지라 밤무대에서 탱고를 파는 신세가 되었다. 벌이가 특별히 좋았던 것도 아니고 자신이 하고 싶은 새로운 탱고가 아니라 손님들이나 그가 몸담은 악단의 취향에 맞추어 연주할 수밖에 없었다. 아버지의 사망 소식이 날아든 것은 피아졸라의 예술혼이 그렇게 싸구려 상혼에 좀먹고 있을 때였다. 피아졸라는 푸에르토리코 공연 중 비보를 접하고 일단 급히 뉴욕으로 돌아왔다. 공항에서 집까지 가는 동안 거리마다 아버지의 모습이 오버랩되었고, 집에 도착하자마자 방에 처박혀 한 시간도 채 안 되어 「안녕 노니노」를 완성했다. 여담이지만 1989년 피아졸라는 로스앤젤레스 공연을 위해 미국에 갔다가 오싹 소름이 끼치는 경험을 했다. 죽었다던 MGM 음악 담당자가 숙소로 전화를 한 것이다. 그의 여비서가 어째서 그가 죽었다고 피아졸라에게 말했는지는 알 수 없다. 어쨌거나 분명한 것은 아버지처럼 뉴욕에서 생계를 잇기 위해 아등바등 살아본 경험이 없었다면, 아름다우면서도 애통한 「안녕 노니노」는 탄생하지 않았을 것이라는 점이다.

　　　　거리의 악사들의 연주는 계속되었다. 그와 함께 슬그머니 차도를 침범한 야외 테이블에 사람들이 하나 둘 앉기 시작하고, 근처를 거닐던 관광객들도 멈춰 서서 악사들을 지켜보았다. 악사들의 연주가 끝나자 카페 남녀 종업원 한 쌍이 나와서 차도 한편에서 탱고를 추기 시작했다. 아주 어설픈 솜씨였다. 그러나 분위기가 고조되자 이번에는 전문 댄서 한 쌍이 그들을 대신했다. 그들은 과감히 차도 전체를 오가며 춤을 추었다. 승용차나 택시가 다가올 때마다 그들은 유연한 스텝을 밟으면서 지나갈 자리를 마련해주었다. 가끔은 시내버스도 왔다. 차도 자체가 좁은 데다가 한쪽에는 테이블이 또다른 쪽에는 구경꾼들이 자리잡고 있으니 탱고 댄서들이 멀찌감치 비켜서지 않는 한 버스가 지나갈 수 있는 공간은 없었다. 그들이 춤을 멈추려나 싶었지만 오히려 버스가 멈춰 서서 그들이 비켜설 때까지 기다려주었다. 이제는 아르헨티나를 대표하는 문화가 된 탱고에 대한 예우였다. 부에노스아이레스에서의 마지막 밤은 그렇게 깊어갔다.

:: 탱고 댄서들이 유연하게 스텝을 밟으며 비켜주기를 기다리며
멈춰 선 버스

07 팜파의 현신
아타왈파 유팡키

        부에노스아이레스를 벗어난 버스는 이내 팜파로 들어섰다. 영겁의 하늘, 아스라한 지평선, 광활한 대지! 그렇다. 팜파는 광대함의 매력을 지니고 있다. 팜파가 얼마나 광대한 곳인지 실감한 것은 태양이 머나먼 지평선과 해후하는 순간을 시샘하듯 억수 같은 비가 내리던 날이었다. 세찬 비와 함께 순식간에 찾아온 어둠은 하늘과 팜파를 시야에서 지워버렸다. 그러나 무심코 뒤를 돌아본 나는 영원을 약속하는 듯한 대자연의 신비를 보았다. 차 뒤편의 지평선이 아직도 푸르른 기운을 머금고 있었던 것이다. 그 억수 같은 비도, 또 비와 함께 성큼 찾아온 어둠도 광대한 하늘을 다 가리지는 못했던 것이다. 그러나 팜파는 신비로운 만큼이나 위험천만한 곳이기도 하다. 하늘 한 귀퉁이에 웅크리고 있던 비구름이 느닷없이 돌진해도, 벼락이 머리 위에서 음산한 칼춤을 쳐도 피할 곳을 찾기 힘들다. 또한 팜파를 딛고 선다는 것은 지평선의 미로에 갇히는 일이기도 하다. 가도 가도 지평선에서 벗어나기란 불가능하고, 시선을 고정시킬 곳조차 없어 어디로 가야 할지 막막해지는 곳이 팜파인 것이다. 때로는 며칠을 가도 사람 하나 만나지 못하는 팜파는 너무나 적막해 공포스러울 정도이다.

    팜파를 바라보며 새삼 이런 생각에 잠기게 된 것은 팜파의 길과 바람, 광대함과 적막함을 음악으로 승화시킨 아타왈파 유팡키의 발자취를 찾아 버스로 11시간이나 걸리는 코르도바로 향하고 있었기 때문이다. 그는 아르헨티나 민속음악의 대부였다. 쿠바에 카를로스 푸에블라가 있고 칠레에 비올레타 파라가 있다면, 아르헨티나에는 유팡키가 있었다. 아니 어쩌면 그들 이상이었다. 칠레의 누에바 칸시온과 아르헨티나의 누에보 칸시오네로의 주역들은 그를 라틴아메리카의 정취를 담뿍 담은 기타의 달인으로 기억했고, 그의 소박하면서도 심오한 의미가 담긴 노랫말에 신선한 감동을 느꼈다고 토로하였다. 유팡키는 또한 일찍부터 외국에 이름을 떨치기도 했다. 한때 공산당에 가입해 활동한 전력 때문에 1946년 들어선 페론 정부 아래에서는 음악활동을 하기 어려워 유랑을 떠나다시피 아르헨티나를 등진 일이 자신의 음악을 외국에 알린 계기가 되었다. 1950년 동유럽을 돌며 공연을 한 유팡키는 파리에 이르러 시인 폴 엘뤼아르의 집에서 기타 솜씨를 선보여 당시 절정의 순간을 보내던 한 전설적인 샹송 가수의 감탄을 자아냈다. 바로 에디트 피아프였다. 유팡키는 아직 파리에서는 전혀 알려지지 않은 인물이었지만 기타 선율에 반한 에디트 피아

:: 파리 시절의 유팡키

프는 그를 자신의 공연에 참여시켰다. 게다가 자신의 공연인데도 유팡키가 공연의 시작과 끝을 장식하도록 호의를 베풀기까지 했다. 이후 유팡키의 이름은 프랑스에서 점차 다른 유럽 국가로 퍼져 나갔다. 라틴아메리카의 민속음악이 그들만의 세계를 지니고 있다는 것을 유럽에서는 거의 알지 못하던 시절의 일이었다. 유팡키는 1964년에 특이하게도 일본에서 공연했는데, 1970년대 초반에는 6개월간 일본에 머물며 순회공연을 하기도 했다. 공연은 가는 곳마다 성황을 이루었다고 한다. 30여 년이 지난 지금까지도 일본에 유팡키의 마니아들이 있을 정도이니 과장된 말은 아닐 것이다.

유팡키의 음악은 광대한 팜파의 신비와 안데스 천년의 한을 함께 아우른다. 그러나 그를 팜파의 현신으로 기억하고 숭배하는 사람들이 더 많다. 사실 단조롭기 이를 데 없는 유팡키의 기타 선율과 목소리에는 무한한 공간에 섰을 때 느끼는 아스라함이 배어 있다. 유팡키 자신이 팜파의 노래 장르인 밀롱가를 두고 이야기하듯 대평원의 아스라함에는 오직 단조로움이 어울릴 뿐이다. 그래서 유팡키의 음악세계는 지평선의 미로에 순응하여 하염없이 길을 가는 여행자를 연상시킨다. 팜파에 깃들어 있는 자연의 섭리를 곰곰이 사색하면서 말이다. 그의 음악은 내면의 깊이를 갖춘 여행자의 선율이요 노래이다. 희로애락이 잘 절제되어 있고, 일상사를 노래할 때도 삶에 대한 철학이 돋보인다. 대자연 속의 인간 존재에 대해 늘 성찰하던 태도가 기저에 깔려 있기 때문이다. 어쩌면 유팡키는 팜파의 광막한 공간을 노래로 채우고 싶었을지도 모른다. 텅 비어 있는 공간을 무언가로 채우고자 하는 욕구는 인간 존재를 확인하는 한 방법이기 때문이다.

유팡키는 실제로 대자연을 유유자적 돌아다니는 방랑자의 삶을 즐겼다. 그 넓은 팜파로도 모자라 투쿠만, 살타, 후후이 같은 안데스 지역에 이르기까지 아르헨티나 전역을 두루 섭렵했다. 25세 때 「인디오의 길」(Camino del indio)을 작곡했을 때 방랑은 이미 그의 숙명이 되었는지도 모른다. 비록 이 노래는 자신이 어렸을 때 재미있는 이야기를 많이 해준 인디오 안셀모가 죽었다는 소식을 듣고 그를 애도하기 위해 만든 노래이지만 안셀모 역시 안데스를 오가는 삶을 살았기 때문이다.

인디오의 길

돌멩이 투성이 코야아르헨티나 북서부 안데스 지역을 일컫는 말의 산길,

계곡과 별을 잇는

인디오의 작은 길.

파차마마안데스 대지의 여신가 산속

어둠에 잠기기 전에

우리 조상이 남에서 북으로

걷던 작은 길.

봉우리에서 노래하고

강에서 울면서

:: 일종의 음유시인인 파야도르의 캐리커처. 파야도르는 기타 하나를 달랑 들고 말을 타고 팜파를 방랑하며 노래와 재담을 즐기며 살았다. 유팡키는 자신을 파야도르에 비교하곤 했다.

인디오의 고통은

밤이면 커지네.

태양과 달,

그리고 내 이 노래가

너의 돌멩이에 입을 맞추었지,

인디오의 길이여.

       대자연에 대한 경외감으로 시작된 유팡키의 방랑은 그가 민속음악을 평생의 업으로 삼으면서 일종의 종교적 순례로 승화되었다. 그에게 민속음악이란 풍경을 심화시키는 일이었다. 즉 대자연에 심오한 의미를 부여하고, 또 그 속에서 심오한 의미를 발견하는 것이 민속음악의 정수라고 생각했던 것이다. 19세기 아르헨티나의 위정자들은 팜파를 '사막'이나 '바다'에 비유했다. 문명의 불모지라는 의미에서였다. 문명의 불모지이기 때문에 팜파는 야만의 땅으로 폄하되었고, 야만의 땅이라는 이유로 공포의 대상이 되었다. 그러나 정작 그 거대한 팜파를 넘어 안데스까지 방랑했던 유팡키는 말한다. 이 세상에 말을 타고 여행하는 것만큼 좋은 일은 없다고. 머나먼 길을 가는 고단함을 생각하기보다 '끝없이 어디엔가 다다른다'는 것을 즐길 줄 알게 되면서부터였다. 갈림길에 다다르고, 꽃 한 송이에 다다르고, 나무 한 그루에 다다르고, 모래벌판에 드리워진 구름에 다다르고, 개울에 다다르고, 산 꼭대기에 다다르고, 기이한 돌에 다다를 때마다 자신이 가고 있는 길이 축복을 내려주고 있다고 생각

:: 먼 데서 말을 달려와 꼬챙이로 반지를
낚아채는 놀이를 즐기는 가우초

한 것이다. 유팡키의 삶의 철학은 이처럼 자연에 순응하면서 형성되었다. 가령 밀롱가 「무엇을 거리라고 부르는지」(A qué le llaman distancia)는 굳은 신념과 뚜렷한 목표가 있으면 팜파의 거대함에 압도당하지 않고 자신의 길을 갈 수 있다는 삶의 철학을 담고 있다. 물론 그 팜파의 길은 인생의 길을 의미하기도 한다. 팜파의 광대함 속에서 깨달음을 구하는 유팡키의 모습이 잘 담긴 노래가 아닐 수 없다.

무엇을 거리라고 부르는지

내게 설명해줘.

무엇을 거리라고 부르는지

내게 설명해줘.

우리가 볼 줄 모르는 것들만이

멀리 떨어져 있을 뿐이지.

길은 대지에 난

길일 뿐이지.

길은 대지에 난

길일 뿐이지.

영혼이 날갯짓하기 시작하면

거리는 사라지는 법.

깊은 신념, 뚜렷한 방향,

가슴과 통찰력,

깊은 신념, 뚜렷한 방향,

가슴과 통찰력,

세상이 가슴속에 담겨 있는데

무엇 때문에 바깥을 보랴……

유팡키의 삶의 철학은 그의 음악적 취향을 결정짓다시피 했다. 가령 유팡키는 젊은 시절 우루과이 망명지에서 목소리가 아름다운 젊은 노래꾼들을 비판한 적이 있다. 그들이 바람의 친구가 되지 못한다는 이유에서였다. 아르헨티나나 우루과이처럼 팜파의 대자연이 일구어낸 나라에 살면서 바람소리가 노래에 배어 있지 않은 것은 한번도 대자연을 고즈넉하게 관조하지 못한 증거이며, 그렇게 하지 못하는 이유는 세속적인 성공만을 추구하거나 삶의 고달픔에 굴복했기 때문이라는 것이다. 전혀 가식이 없는 유팡키의 목소리는 여기에서 비롯되었다. 또 화려함이나 현란함이 철저히 배제된 기타 연주를 추구한 것도 같은 이유에서였다. 화려한 기타 연주가 고요를 베어버린다고 혐오하고, 적은 말로 많은 의미를 전달할 수 있는 코플라 형식을 선호하고, 자신이 딴 박사학위는 고독이라고 말하는 유팡키는 팜파는 물론 안데스의 적막함마저 아르헨티나의 혼으로 승화시키고 있는 것이다.

보르헤스는 문학을 통해 부에노스아이레스를 불멸의 도시로 만들고 싶다는 포부를 청년 시절에 밝힌 적이 있었고, 그 스스로는 그 꿈을 이루었다고 자신하였다. 그러나 유팡키는 주장하고 있다. 아르헨티나의 혼은 부에

:: 유팡키의 옆얼굴을 새긴 기념비

노스아이레스가 아니라 팜파와 안데스에 있다고. 그래서 유팡키는 훗날, 세계적인 명사가 된 보르헤스를 파리에서 우연히 만났을 때 당당히 그를 공박할 수 있었다. "당신은 많은 것을 알고 있겠죠. 그건 우리 모두에게 자부심을 주는 일이오. 하지만 당신은 우리 동포가 아니오. 조국을 내면에 담고 있는 사람이 동포죠." 유팡키는 부에노스아이레스 중심으로 쓰여진 아르헨티나 역사, 즉 팜파와 안데스의 영혼이 담겨 있지 않은 그 역사를 결코 인정할 수 없었던 것이다.

:: 아타왈파 유팡키와 앙헬 파라, 마지막 연주회 Atahualpa Yupanqui & Angel Parra El último recital Zurich, Last Call, 1999

08 마지막 음유시인의 무덤

코르도바에 도착했을 때는 어둠이 깔린 후였다. 숙소나 식사 문제를 해결하기에 앞서 세로콜로라도로 가는 방법을 먼저 수소문했다. 코르도바 시 북쪽에 위치한 세로콜로라도는 유팡키의 집이 있는 곳이며, 유팡키 재단이 그 집을 보존하고 있어서 꼭 한 번 들러보리라 마음먹었다. 사실 코르도바에 내린 것도 그 때문이었다. 그러나 지도만 보았을 때는 한달음일 것 같던 세로콜로라도건만 막상 현지에 도착해 보니 코르도바 시와 160킬로미터나 떨어져 있었다. 게다가 버스 편도 일주일에 2,3회밖에 없었고 내 일정과도 맞지 않았다. 결국 코르도바에서 택시를 전세낼 수밖에 없었다. 아무리 예전보다 물가가 싸다고 해도 왕복 320킬로미터를 택시로 다녀와야 한다는 것은 엄청난 출혈이었다. 유팡키 같은 인물이 당연히 한적한 곳에서 자연을 벗삼아 살았으리라는 것을 예상치 못한 나 자신을 원망할 수밖에 없었지만 아르헨티나의 거대함을 다시금 실감할 수 있었다.

어쨌든 세로콜로라도 행에 대한 불안감이 사라지자 비로소 코르도바에 눈길이 갔다. 오늘날에야 부에노스아이레스가 아르헨티나의 얼굴이지만 과거 코르도바가 그 역할을 하던 때가 있었다. 1645년 건축된 예수회 성당이 입증하듯 코르도바는 남미 내륙에서 가톨릭의 거점 역할을 했다. 예수회가 1613년 설립한 코르도바 대학은 1622년 정식으로 대학으로 인가받았다. 코르도바가 명실공히 신학과 철학의 중심지가 되었던 것이다. 밤늦게 코르도바 대학의 대학가를 돌아다니는 맛도 괜찮았지만 다음날 낮에 본 코르도바는 과연 옛 명성이 무색하지 않았다. 예수회 성당을 비롯한 고색창연한 건물들이 현대적인 건물들 틈에서 전통의 무게를 과시하고 있었다. 그러나 코르도바의 진정한 매력은 전통의 무게와 반골 기질을 동시에 가지고 있다는 점일 것이다. 코

:: 고색창연한 코르도바 중앙 성당

르도바 대학이 바로 그런 내력을 가지고 있다. 1918년 코르도바 대학 학생들은 그 유명한 대학개혁운동을 일으켰다. 민주적인 대학 운영을 위해 대학의 자율을 요구하며 시작된 운동이었지만 점차 대학의 사회적 역할을 역설하고 노동자들과의 연대까지 주장하였다. 당시로서는 가히 혁명적인 주장이어서 코르도바의 대학개혁운동은 이웃 국가들에까지 커다란 영향을 미쳤다. 아르헨티나에서 가장 유서 깊은 도시에 살고 있다는 자부심을 늘 지니고 있던 코르도바인들은 이 사건 이후 사회변혁의 선봉에 섰다는 자부심을 더하게 되었다. 그런 자부심이 오늘날 부에노스아이레스 중심의 아르헨티나에 끊임없이 이의를 제기하는 코르도바 정신의 근간이 되었다.

일찌감치 세로콜로라도를 향해 길을 잡아 나섰다. 아침부터 꽤 무더운 날씨였지만 푸른 하늘과 들판이 더위를 잊게 해주었다. 하지만 세로콜로라도 진입로에 들어선 순간 대지의 색깔이 달라졌다. 그곳까지 가는 동안 늘

:: 붉은빛이 감도는 세로콜로라도(왼쪽)와 유팡키가 살았던 집

함께한 팜파의 푸르름이 사라지고 선인장이 나타난 것이다. 말 한 마리가 한가롭게 풀을 뜯는 전원적인 모습이 언뜻 눈에 들어오기도 했지만 사막을 연상케 하는 황량함이 풍경을 압도했다. 드디어 세로콜로라도가 보이기 시작했다. 어째서 '세로콜로라도'(붉은 봉우리)라는 이름이 붙었는지 금방 알 수 있었다. 군데군데 불그스름한 바위 덩어리들이 있었던 것이다. 봉우리 전체가 수풀도 별로 없이 온통 바위투성이라 아무리 보아도 그리 살가운 모습은 아니었다. 유팡키의 집은 봉우리 안쪽에 있었다. 포장도로가 봉우리 아랫마을에서 끊기는 바람에 차는 힘겹게 언덕길을 올랐다. 길 주변은 더욱 삭막해져서 뜨거운 태양을 피할 나무도, 후덥지근한 대기를 식혀줄 물도 없었다. 유팡키가 어째서 그렇게 무덥고 삭막한 곳에 거처를 정했는지 알다가도 모를 일이었다. 그러나 언덕을 넘어서 그의 집을 본 순간 모든 것을 이해할 수 있었다. 유팡키의 집은 계곡을 끼고 있었고, 넉넉한 시냇물이 그 계곡을 시원하게 흐르고 있었던 것이다.

:: 유팡키의 집 앞을 시원하게 적시는 시냇물(왼쪽)과 말이 풀을 뜯는 목가적인 풍경

유팡키는 안데스와 팜파의 경계라는 이유로 코르도바 일대를 무척이나 좋아했다. 그중에서도 세로콜로라도가 방랑의 삶을 살던 그를 붙잡는 데 성공했다. 그가 평생 유일하게 땅을 사고 집은 지은 곳이 바로 이곳이었다. 유팡키는 1930년대 말에 처음 세로콜로라도를 알게 되었다고 한다. 그후 세로콜로라도는 그가 힘든 일이 있을 때마다 칩거하던 곳이었다. 한때 공산당원으로 활동해 페론 시절 박해를 받을 때 경찰의 추적을 피해 칩거한 곳이 세로콜로라도였으며, 어지러운 정치 현실 때문에 만년을 파리에서 보내기로 결정한 이후 가끔 고국이 그리워 귀국할 때마다 머무른 곳도 이곳이었다. 세로콜로라도의 숨겨진 계곡과 강물이야말로 때때로 은자가 되어야 했던 유팡키의 삶을 상징하고 있었다. 그러나 그는 칩거를 선택할 수밖에 없었을 때도 분노하지 않으려 애를 썼다. 그래서 「돌멩이의 차카레라 _{아르헨티나의 민요 형식, 혹은 거기 맞춰 추는 춤}」 (Chacarera de las piedras)에서는 세로콜로라도에서의 삶을 다음과 같이 노래할

:: 순례자로서의 삶을 입증하는 듯한 유팡키의 유품(왼쪽)과 유팡키가 쓰다가 아들에게 물려준 기타

수 있었다. 민속음악에 바친, 오랜 구도의 길에서 이미 깨달음을 얻은 이의 깊은 정신세계가 엿보인다.

> 여기 나그네가 노래하네,
>
> 하염없이 걷다가
>
> 지금은 세로콜로라도에서
>
> 평온하게 살고 있네.

유팡키의 집은 단출하고 소박했다. 보통의 시골집과 별반 다를 게 없었다. 상징적인 액수의 입장료를 지불하고 들어가 보니 입구 정면에 덩그러니 방명록만 있을 뿐 별다른 안내 책자나 안내인도 따로 없을 정도로 방치되어 있었다. 하지만 적어도 유팡키의 집을 찬찬히 살펴볼 자유는 있었다. 입구 옆의 벽에는 피아노를 비롯해 안데스와 팜파의 전통 악기들이 걸려 있었다. 그리고 순례자답게 마구와 여행용 의복, 침구, 말과 함께 찍은 사진들이 온 집안에 가득해 이채를 띠었다. 가장 눈길을 끄는 것은 유팡키의 기타였다. 1930년 엔트레리오스 지방을 유랑할 때 그와 함께한 기타라고 적혀 있었다. 그랬다. 기타는 유팡키의 분신이었다. 절친한 벗처럼 외로운 나그네길을 함께하기도 하고, 마치 가족처럼 늘 그의 곁에 머물러 있었다. 그리고 때로는 인생의 스승이 되기도 했다. 「기타야, 말해다오」(Guitarra, dímelo tú)에서 유팡키는 험난한 세상에서 한 줄기 빛을 찾는 것이 어째서 그렇게 힘든 것인지 기타에게 간절히 물었다.

내가 세상에 물으면

세상은 나를 속이겠지.

저마다 자신은 변하지 않는데

다른 이들만 변한다고 믿지.

나는 새벽마다

한줄기 빛을 찾네.

밤은 왜 이리 긴지

기타야, 말해다오!

부드러운 진실이었던 것도

혹독한 거짓이 되어버리고,

풍요로운 대지조차도

모래땅으로 변해버리네.

나는 새벽마다

한줄기 빛을 찾네.

밤은 왜 이리 긴지

기타야, 말해다오!

인간은 이미 허물어진

신전의 죽은 신들.

그들의 꿈마저 남지 않았네.

단지 그림자만 남았을 뿐.

나는 새벽마다

한줄기 빛을 찾네.

밤은 왜 이리 긴지

기타야, 말해다오!

집을 다 둘러보고 마당으로 나갔다. 커다란 떡갈나무 한 그루가 무성한 가지를 늘어뜨리고 마치 우산처럼 마당을 덮고 있었다. 유팡키는 바로 그 아래 잠들어 있었다. 이곳에 잠들게 된 사연이 있다. 그는 평소 자신을 파야도르라고 정의했다. 파야도르란 팜파를 떠돌아다니는 이야기꾼이자 노래꾼을 지칭하는 말이다. 으레 기타 하나 짊어지고 말 한 마리에 몸을 의지해 가는 곳마다 노래를 불러 사람들을 즐겁게 해주거나 구수한 입담으로 각지의 소식을 전해주는 역할을 했다. 중세 유럽의 음유시인과 같은 역할을 한 셈이다. 그러나 근대화와 더불어 파야도르는 이미 19세기 말에 자취를 감추었다. 아르헨티나의 대자연과 민속음악에 심취해 떠돌이 생활을 마다하지 않았던 유팡키는 마지막 음유시인을 자처했던 것이다. 엑토르 로베르토 차베로라는 본명을 '아타왈파 유팡키'로 바꾼 것도 그래서였다. 잉카의 마지막 황제의 이름이기도 한 '아타왈파'는 '행운의 새' 혹은 '영웅적인 새'라는 뜻이고, '유팡키'는 '이야기하라'라는 뜻이다. 유팡키는 노래하고 이야기하는 음유시인이 되고자 이름을 바꾸었던 것이다. 유팡키는 진정한 음유시인이라면 죽어서도 응당 노래를 들려주어야 한다고 생각했다. 그래서 다음과 같이 말했다. "시인이 죽으면 십자가 아래 묻지 말고, 나무 밑에 심어야만 제격이다. 세월이 흐르면 나무에 가지가 돋아나고 둥지가 생기고 둥지에 새들이 태어날 것이다. 그러면 시인의 침묵은 제비가 될 것이다." 유팡키의 바람은 이루어졌다. 무성한 떡갈나무 가지에는 새들이 지저귀며 마지막 음유시인 대신 노랫가락을 바람결에 실어 보내고 있었다.

:: 무성한 나뭇가지 아래 잠들어 있는 이 시대
최후의 음유시인 아타왈파 유팡키

09 코스킨, 민속음악과 록의 메카

코르도바 인근의 코스킨으로 가는 1시간 반 남짓한 길은 환상이었다. 버스가 낮은 구릉지대를 통과하는 동안 올망졸망한 봉우리들이 저 멀리 끝없이 이어지고, 커다란 강과 지류들이 그 사이를 굽이굽이 휘감아 흐르고 있었다. 경제 위기가 무색하게, 깔끔하게 정비된 휴양시설마다 사람들로 넘쳐나고, 아담한 집들은 꽃으로 장식되어 있었다. 부에노스아이레스가 파리를 연상시킨다면 코르도바 일대는 스위스를 연상시킨다. 이 일대의 빼어난 풍광은 남미의 대동맥인 안데스가 잦아지면서 선사한 선물이었다. 그래서 코르도바 주는 식민시대에도 병자들의 휴양지로 이름 높았고, 현재도 아르헨티나의 주요 관광지로 꼽힌다.

코스킨을 찾은 이유는 이곳이 민속음악과 록의 메카이기 때문이

:: 코르도바 인근의 그림 같은 풍경.

다. 서로 전혀 어울리지 않을 것 같은 두 장르가 코스킨에서 공존하는 이유는 매년 여름 민속음악 페스티벌과 록 페스티벌이 차례로 열리기 때문이다. 뜻밖에도 코스킨은 볼품없는 아주 작은 도시였다. 인근 휴양지만큼 시설이 좋거나 경치가 빼어나지도 않고, 깨끗하다는 인상도 받지 못했다. 그러나 그 대신 열정과 열기가 흘러넘치고 있었다. 각지에서 몰려든 10대와 20대들이 버스터미널에서부터 득실거렸다. 록 페스티벌이 열리는 중이었기 때문이다. 전날 밤 전야제에서 록의 열기에 취했던 청춘들이 지금은 코스킨의 중앙 광장인 산마르틴 광장을 점령하고 휴식을 취하고 있었다. 바닥에 길게 드러누운 이들도 부지기수이고, 샌드위치와 물로 끼니를 때우는 모습, 1리터짜리 맥주병을 돌려 마시고 담배마저 여럿이 나눠 피는 폼으로 보아 대다수가 없는 돈을 털어 코스킨에 와 노숙을 한 듯했다. 돈이 있다 한들 코스킨같이 작은 도시가 몇 만 명을 헤아리는 그들을 모두 수용할 만한 숙박시설을 갖추고 있을 리 만무했다. 공연은 오후 늦게 열릴 예정이기 때문에 관람할 만한 시간적 여유는 없었다. 하지만 더위와 배고픔과 노숙을 마다 않는 그들의 모습을 보는 것만으로도 아르헨티나 록의 저력을 새삼 깨달을 수 있었다.

아르헨티나 록은 오래전부터 록 나시오날이라는 이름으로 불렸다. 내셔널 록이라는 뜻이다. 이미 1960년대부터 독자적으로 발전하여 서구의 록과 구분하여 따로 이름을 가지고 있을 정도로 아르헨티나 대중음악에서 비중 있는 장르이며, 이미 3세대 로커까지 제도권에서 성공을 거두었다. 록 나시오날의 성공은 1950년대 탱고의 일시적 쇠퇴와도 관련이 있다. 피아졸라가 탱고를 부흥시키기 전까지 탱고는 젊은이들의 도시적 감성을 자극하지 못하는 '늙은이들의 음악'이라는 비난을 면치 못하고 있었다. 또한 1950년대는 국제적으로도 탱고의 유행이 지난 지 오래였는지라 국수적이라는 비난에도 시달렸다. 탱고의 빈 자리를 메운 것은 탱고보다 더 '전통적'인 민속음악과 더 '보편적'인 록이었다. 그러나 이제나 저제나 록은 '불온한 젊은이'들의 타락한 음악으로 오해받기 쉬운 법이고 그래서 상당 기간 아르헨티나 대중음악의 비주류로 머물러 있었다. 어쩌면 록 나시오날이라는 창조적인 변신이 가능했던 것도 비주류의 설움을 오랫동안 맛보았기 때문일지도 모른다.

비좁고 편의시설도 충분하지 않고 관광지로서도 부적합한 코스킨이지만 이를 마다 않고 해마다 록 페스티벌이 열리면 찰리 가르시아 같은 전설적인 록 가수들이 이곳에 나타난다. 그 덕분에 코스킨은 어느새 록 페스티벌의 메카가 된 것이다. 찰리 가르시아는 단순히 서구의 록을 수용하는 것을 넘어서서 록 나시오날을 태동시키고 대중화시킨 1세대(1967~1977)에 속한다. 21

:: 각지에서 몰려들어 록 페스티벌이 열리기를
   기다리며 광장에서 시간을 보내는 젊은이들

세 때 결성한 록 그룹 슈아이 제너리스(1972~1975) 때부터 새로운 음악적 감성으로 단연 두각을 나타냈고, 이후 그룹 라 마키나 데 아세르 피하로스(1976~1977, '새 만드는 기계'라는 뜻)와 세루 히란(1978~1982)을 거쳐 1982년부터는 솔로로 활동해왔다. 세루 히란 시절 찰리 가르시아는 이미 록 나시오날의 전설이 되어 오늘에 이르고 있다. 그는 〈수도의 비게〉(La grasa de las capitales), 〈아르헨티나여 나를 위해 울지 마오〉(No llores por mí, Argentina), 〈어떻게 여자를 꼬실까〉(Cómo conseguir chicas), 〈싸구려 철학과 고무구두〉(Filosofía barata y zapatos de goma) 등등 음반 제목만으로도 록을 태동시킨 청년 하위문화의 현 주소를 시사하는 능력을 지녔다. 록 나시오날의 또다른 기수인 레온 히에코와의 일화는 찰리 가르시아의 음악적 감각을 짐작하게 해준다. 앞서 언급했던 레온 히에코의 「신에게 오직 바라네」와 얽힌 일화이다. 이 곡의 노랫말은 다음과 같다.

신에게 오직 바라네.

고통에 둔감한 사람이 되지 않기를,

이룬 것 없이 삭막한 죽음과

홀로 공허하게 마주치지 않기를.

신에게 오직 바라네.

불의에 둔감한 사람이 되지 않기를,

이런 행운을 할퀴고 난 후

내 또다른 뺨을 때리지 말아주기를.

신에게 오직 바라네.

전쟁에 둔감한 사람이 되지 않기를.

전쟁이라는 커다란 괴물은

사람들의 가련한 순수함을 짓밟지.

히에코는 이 노래가 무미건조하다고 느껴 아예 음반에서 빼버릴
까 하는 생각까지 했다. 그러나 찰리 가르시아가 이 곡을 강력히 지지했다. 세
월이 흐른 후 「신에게 오직 바라네」는 레온 히에코의 공연 때마다 대미를 장식
하는 최고의 히트곡이 되었다. 사실 기도 형식의 노래가, 제도권 문화에 대한
반항심으로 인기를 끈 록 나시오날을 상징하는 노래의 하나가 되었다는 것은
아이러니일지도 모른다. 그러나 앞서 언급했듯이 당시는 소위 말하는 '추악한
전쟁' 시기였다. 1976년 쿠데타로 집권한 아르헨티나의 군사정권에 의해 7년간
무려 3~4만 명의 사람들이 불법 연행되어 고문당하고 죽고 사체마저 유기되
었다. 가장 소박한 소망이 가장 간절히 가슴을 파고들 수밖에 없던 시절이었던
것이다.

그러나 정작 찰리 가르시아 자신은 소박한 염원을 담기보다 신랄
한 풍자와 지독한 저주를 택했다. 『이상한 나라의 앨리스』에서 영감을 얻은
「아르헨티나 앨리스의 노래」(Canción de Alicia en el país)에서는 아르헨티나를 죽

음에 대한 편집증이 만연한 나라로 묘사하고, 「부에노스아이레스를 폭격하지 말아주오」(No bombardeen Buenos Aires)는 영국과의 말비나스 전쟁이 야기한 죽음의 공포에 대해 절규했다. 앤드루 로이드 웨버가 1976년 「아르헨티나여, 나를 위해 울지 마오」(Don't cry for me Argentina)를 통해 다시 부활시킨 에비타 신화마저 찰리 가르시아는 미쳐 날뛰는 아르헨티나 현실을 비판하는 데 이용했다. 세루 히란 그룹 시절의 「아르헨티나여, 나를 위해 울지 마오」는 피를 흘리는 아르헨티나 현실 때문에 아르헨티나가 더욱 좋아진다는 반어법을 구사하고 있다.

> 피가 계속 흐르는
> 상처 때문에 울지 마오.
> 아르헨티나여, 나를 위해 울지 마오.
> 매일 네가 더 좋아지니까!

코스킨의 명소인 민속광장을 꼭 보고 싶었지만 접근이 쉽지 않았다. 광장 입구는 경찰이 출입을 통제하고 있었고, 줄이 길게 늘어서 있었다. 민속광장이 바로 록 페스티벌이 열리는 장소였던 것이다. 공연 시간도 아직 한참 남아 있고 경찰들이 통제하는데도 입장권을 손에 든 청춘들은 입구 근처에 다다라서는 줄을 허물어뜨리고 뒤엉켜 있었다. 틈만 나면 언제라도 광장으로 뛰어들 태세였다. 그들을 보니 그들의 우상인 찰리 가르시아의 무정부주의적 콧

:: 록 페스티벌이 한창인 민속광장. 왼쪽 가운데에 아타왈파 유팡키 무대가 보인다.

수염이 생각이 났다. 그의 콧수염은 한쪽은 붉은색이요 또다른 한쪽은 황금빛이었다. 유전자나 염색체 이상 때문에 원래 그런 색깔이라고 말하는 이도 있다. 약물 과다복용으로 병원을 들락날락하던 시절에도 콧수염이 두 가지 색깔이었으니 사실인 듯도 하다. 하지만 분명한 건 그때그때 기분에 따라 머리염색을 자주하면서도 콧수염을 두 가지 색으로 유지하는 것은 포기하지 않는다는 점이다. 마라도나만큼이나 엉뚱한 일로 화제를 뿌리고 다니는 찰리 가르시아의 도발적인 삶이 그 콧수염에 응축되어 있다.

어떻게든 무대를 가까이에서 보고 싶어서 경찰들을 붙들고 사정을 했다. 그러나 그들은 내가 이곳을 꼭 보고 싶어서 지구 반대편에서 왔다는 사정을 충분히 들어줄 만큼 한가롭지 않았다. 찰리 가르시아만큼이나 무정부적 자유를 원하는 청중들을 제지하느라 다들 진땀을 흘리고 있었다. 그나마 현장을 총지휘하는 경찰이 청중들로부터 조금 자유로운 것 같아 어렵게 말을 건네 보았다. 어디가나 시골 인심은 후해서 흔쾌히 입장을 허락해주었다. 사진만 몇 장 찍고 바로 나온다는 조건이었다. 덕분에 '아타왈파 유팡키'라는 이름이 붙은 그 무대를 볼 수 있었고, 1965년 코스킨 민속음악 페스티벌에서 상을 타면서 비로소 인정받기 시작한 젊은 날의 메르세데스 소사의 잔영을 더듬어볼 수 있었다.

10 투쿠만의 달

코르도바에서 북쪽으로 여덟 시간을 달려 투쿠만 시에 도착했다. 투쿠만 시는 아르헨티나에서 제일 작은 투쿠만 주의 수도이다. 인구 50만 남짓한 작은 도시이지만 아르헨티나 독립의 영광을 상징하는 유서 깊은 곳이다. 1810년 부에노스아이레스에서 독립을 선언한 아르헨티나는 왕당파의 본산인 페루 부왕청(富王廳) 부왕이 통치하는 곳. 부왕은 본국에서 파견된 식민지의 최고 통치자를 말한다. 스페인은 라틴아메리카를 경영하기 위해 처음에는 멕시코시티와 리마에 부왕청을 설치했다. 그러다가 18세기에는 보고타와 부에노스아이레스에 부왕청을 신설하여 네 명의 부왕에게 라틴아메리카 통치의 책임을 맡겼다. 부왕이 있던 남미의 세 도시 중에서 리마의 식민 역사가 가장 깊었고, 독립을 반대하는 왕당파의 세력이 가장 강했다의 공격에 여러 차례 시달렸다. 그러다가 1812년 아르헨티나의 벨그라노 장군이 투쿠만 근교에서, 안데스를 넘어 남하한 왕당파에 결정적인 타격을 가하면서 앞날을 예측하기 힘들던 독립전쟁의 전환기를 마련했다. 벨그라노는 1814년에 아르헨티나 국기를 만든 주인공이기도 하다. 1816년에는 투쿠만에서 의회가 소집되어 그해 7월 9일 정식으로 독립이 선포되었다.

투쿠만은 전통적으로 아르헨티나 경제에서 중요한 역할을 담당했다. 투쿠만 시는 1565년 오늘날의 도시가 있는 위치에서 50킬로미터 떨어진 곳에 창건되었다가 쇠락했고, 1685년 현 위치에 다시 건설되었다. 식민시대 투쿠만은 부에노스아이레스와 볼리비아를 잇는 교통의 요지였다. 그리고 코르도바와 더불어, 세계 최대의 은광이던 볼리비아의 포토시 광산에 가축과 일용품을 공급하는 역할을 했다. 일용품을 공급하다보니 수공업도 발전해서 현재까지도 아르헨티나에서 가장 다채로운 토산품을 만날 수 있는 곳이다. 투쿠만은 또한 식민시대부터 사탕수수 생산지로 유명했다. 이 모두가 양질의 원주민 노동력이 풍부했기에 가능한 일이었다. 스페인인들이 오기 전인 15세기에 잉카가 먼저 이 땅을 탐해서 정복군을 보냈을 정도였다. 19세기와 20세기에는 이탈

:: 투쿠만 주정부 청사

리아인, 아랍인, 유대인 등 외국 이민자들이 투쿠만에 정착하여 농업과 상업을 더욱 발전시켰다.

　　　　투쿠만을 그냥 지나칠 수 없었던 것은 아타왈파 유팡키의 「투쿠만의 달」(Luna tucumana) 때문이었다. 팜파에서 태어난 유팡키는 17세 때 부모를 따라 투쿠만에 정착하면서 안데스와도 교감을 나누게 되었다. 그래서 투쿠만은 세로콜로라도와 더불어 유팡키가 가장 애착을 느끼던 지방이었다. 유팡키는 투쿠만에 10년 이상 거주하면서 본격적으로 민속음악인의 길에 접어들었고, 그 시절에 만든 「투쿠만의 달」은 투쿠만은 물론 아르헨티나 북서부 지방 어디서나 쉽게 들을 수 있는 국민적인 애창곡이 되었다. 이 노래는 그런 사연을 알기 전부터 내 마음을 사로잡았다. 처음 이 노래를 접한 것은 유학 시절 메르세데스 소사의 데뷔 30주년 기념 앨범을 통해서였다. 듣기 편하면서도 멋들어진 피아노 간주에 반했고, 그 간주의 해맑은 처량함이 가사에 귀를 기울이게 만들었다. 달빛 아래 하염없이 길을 가는 나그네의 노래였다. 유난히 심심한 시절이었던 만큼 '이거 나 들으라고 만든 노래 아냐' 하는 되지도 않은 생각이 머리를 스쳤고, 그 순간 나그네 가는 길을 환하게 비추는 달이 저절로 떠올라 나도 모르게 포근함이 느껴졌다. 「투쿠만의 달」은 그렇게 내 마음속으로 들어왔다.

내가 달에게 노래하는 것은

빛을 비추기 때문만은 아니야.

내 기나긴 여정을 알기에

노래하는 것이지.

내 기나긴 여정을 알기에

노래하는 것이지.

아, 투쿠만의 달!

칼차키의 작은 북!

타피의 산길을 가는

가우초들의 동반자,

타피의 산길을 가는

가우초들의 동반자.

첩첩산중을 헤매는 나,

그 누가 내 여정을 알까?

그러나 달이 떠오르면

나는 노래하리, 노래하리.

내 사랑하는 투쿠만에게

노래하고 노래하고 노래하리.

희망과 고통이 교차하던

아체랄 평원에서

사탕수수밭에 입을 맞추는

선량한 달을 보았네,

사탕수수밭에 입을 맞추는

선량한 달을 보았네.

우리는 닮은 데가 있지,

고독의 달이여.

나는 걷고 노래하며

빛을 발한다네,

나는 걷고 노래하며

빛을 발한다네.

첩첩산중을 헤매는 나,

그 누가 내 여정을 알까?

그러나 달이 떠오르면

나는 노래하리, 노래하리.

내 사랑하는 투쿠만에게

노래하고 노래하고 노래하리.

노랫말을 처음 들었을 때부터 칼차키의 북에 뭔가 특별한 것이 있는지, 타피(타피 델 바예)나 아체랄 평원은 어떨지 문득문득 생각했다. 그래서 코르도바에 이르러서는 틈틈이 지도를 보면서 어떻게 하면 노래 속의 길을 가볼 수 있을까 고심했다. 투쿠만에 도착해서 처음 발견한 여행사에 들어가면서부터 벌써 가슴이 두근거리기 시작했다. 그리고 그 길에 대해 물어보고 답을 들은 순간 희열을 느끼다 못해 멍해지기까지 했다. 그렇게 오랫동안 머릿속으로 그려보던 길이 투쿠만의 관광 상품으로 개발되어 쉽게 갈 수 있었기 때문이다.

다음 날 아침 여행사가 제공하는 차를 타고 일찌감치 길을 나섰다. 남쪽으로 30분 이상을 달린 뒤 서쪽으로 향하는 길로 접어들어 앞으로 곧장 달렸다. 정면에는 안데스가 좌우로 끝없이 이어지고 있었다. 투쿠만부터는 안데스가 본격적으로 시작된다는 것을 알고 있었지만 실제로 웅장한 안데스를 대하니 마치 만리장성을 앞에 둔 듯한 답답함을 느꼈다. 더구나 거대한 먹구름이 봉우리 사이사이를 메우고 있어 마치 철옹성을 향해 부질없이 돌격을 감행하는 느낌마저 들었다. 다만 하늘 귀퉁이 한 자락만 해맑은 구름이 뭉실뭉실 피어났다. 그 구름사이를 헤집고 들어오는 햇살이 마치 그곳이 목적지라고 알려주는 듯했다. 아닌 게 아니라 그 구름 언저리가 목적지인 타피 델 바예라고 누군가 일러주었다. 이른 시각이었지만 안데스에서 내려오는 차가 제법 많았다. 무덥고 습한 투쿠만의 여름을 피해 주말을 타피 델 바예에서 보낸 사람들이 월요일을 맞아 서둘러 출근하는 중이었다.

이윽고 차가 사탕수수밭 사이를 하염없이 달리기 시작했다. 아체랄 평원의 사탕수수밭이 바로 그곳이었다. 「투쿠만의 달」에 나오는 길을 거꾸로 가고 있는 중이었다. 평원을 지나 구불구불하고 가파른 길을 오르기 시작했다. 고도가 해발 2000미터 남짓한 타피 델 바예로 가는 길에 본격적으로 접어든 것이다. 투쿠만 주는 '공화국의 정원'이라는 별칭으로 불릴 만큼 풍경이 다채롭다. 타피 델 바예로 가는 길이 그 다채로움을 대변하고 있었다. 이내 숲이 울창해지더니 아열대 우림으로 시시각각 변해갔다. 또한 천길 낭떠러지 아래로는 계곡물이 노도처럼 흘러내렸다. 언제 그 광활한 아체랄 평원을 달렸나 싶었다. 정상에 가까이 가면서 주위 풍경은 일순간에 변했다. 관목과 풀로 뒤덮인 나지막한 구릉이 이어지고 커다란 호수마저 있어서 도무지 이곳이 산중이라는 생각이 들지 않았다. 울창하던 수풀이 사라진 것은 고도 때문이 아니다. 타피 델 바예에서 고개를 하나 더 넘으면 일 년 가야 비 한 방울 구경하기 힘든 산중 사막이다. 타피 델 바예는 건조지대의 초입인 것이다. 그래도 타피 델 바예는 투쿠만인들의 휴양지다웠다. 날씨도 투쿠만 시내에 비해 덜 더웠고, 호수에서는 배를 타고 유람을 즐기고 낚시를 할 수도 있다. 그래서 리조트로 개발되었을 뿐만 아니라 깨끗하고 고급스러워 보이는 전원주택도 군데군데 눈에 띄었다.

　　　　그러나 그 전원 풍경은 오늘날의 모습일 뿐이다. 멀지도 않은 옛날, 즉 댐을 만들어 호수가 생기기 이전의 타피 델 바예는 물이 귀해 몇몇 지주들만이 농사를 마음대로 짓고 목축을 할 수 있었을 뿐이다. 또 휴양지로 각광받기 시작한 것도 내가 오른 첩첩산중 계곡길이 1980년대에 포장되면서부터였다고 한다. 그 이전의 타피 델 바예 주민들, 특히 남정네들은 대부분 농번기가 되면 오히려 고향을 등지고 투쿠만으로 내려가야 했다. 그들 소유의 척박한 농경지나 가축은 아낙에게 맡기고 투쿠만의 사탕수수밭에서 날품을 팔기 위해서였다. 타피 델 바예에서 한참을 더 가는 칼차키 계곡 주민들 역시 마찬가지 신세였다. 아르헨티나에서 가장 긴 계곡의 하나로 그 길이가 수백 킬로미터에 달하는 칼차키 계곡은, 강을 끼고 있어 농경이 가능했기에 대대로 원주민의 터전이 되었던 곳이다. 그러나 그곳 주민들 역시 대지주들의 횡포로 200~300킬로미터 떨어진 아체랄 평원이나 투쿠만의 사탕수수밭으로 가야 했다.

사탕수수밭에 얽힌 애환을 알게 되면서 「투쿠만의 달」에 나오는 길을 따라가기 전날 올라간 비야누게가 생각났다. 비야누게는 투쿠만 시내에서 30킬로미터 정도에 위치한 해발 약 1200미터의 봉우리에 있는 별장촌이다. 투쿠만의 상류층 중에서도 극소수만이 주말이나 여름을 그곳에서 보낸다. 찾는 이들의 감탄을 자아내는 비야누게에 처음으로 별장을 지은 이는 프랑스인 이민자였다. 지금으로부터 100여 년 전에 지어진 그의 별장은 별장다운 아늑함은커녕 백척간두에 서 있는 형국이었다. 산 정상 맨 가장자리에 지어져 몇 발자국만 더 가면 바로 산 아래 있는 평원까지 수직 하강할 판이었다. 그 프랑스인 지주는 그래야 할 이유가 있었다. 그는 비야누게가 있는 산 아래에서 투쿠만 시에 이르는 사탕수수밭을 개척한 투쿠만 제일의 지주였지만 농번기가 되면 오히려 농장을 떠나 악착같이 산 정상 별장에 머물렀다. 어마어마한 규모의 농장을 말을 타고 돌아다니면서 감독하는 것보다 별장에서 농장을 굽어보며

:: 1·2 인공 호수가 들어서고 리조트로 개발된, 평화로워 보이기만 하는 타피 델 바예

:: 3 비야누게에서 바라본 평원. 사탕수수밭과 레몬밭이 보인다.

:: 4 비야누게 산봉우리에 위치한 프랑스인 지주의 저택. 1902년에 지어졌다.

감독하는 편이 더 수월하고 효율적이라고 생각했던 것이다. 그래서 그는 아늑함을 포기하고 평원이 가장 잘 보이는 가장자리에 집을 짓게 되었다.

　　　프랑스인 지주의 저택을 보고 타피 델 바예에 오른 다음에야 「투쿠만의 달」에 애잔하게 깔려 있는 한을 느끼게 되었다. 내게는 그저 포근함으로 다가왔던 그 노래에 배어 있는 민초들의 일상의 한을……. 그 옛날 삼삼오오 말을 타고 첩첩산중 길을 내려가는 그들이 눈에 선했다. 몇 달을 보지 못하게 될 가족과의 생이별이 무겁게 가슴을 짓누르는데 산길은 멀고도 험하고 때로는 울창한 수풀이 답답하게 가로막았으리라. 대낮에도 어둡고 축축했던 그 길, 뜨악하게 입을 벌린 계곡 아래에서 들려오는 무시무시한 물소리…… 평원으로 접어들어도 그들은 사람 키보다 큰 사탕수수에 파묻혀 하늘만을 쳐다보며 고단한 길을 한참이나 재촉해야만 했으리라. 그 머나먼 길, 울창한 숲과 단조로운 사탕수수밭이 가슴을 더욱 미어지게 하던 그 한 맺힌 길, 가족을 두고 매년 가야만 했던 한스러운 길을 그들과 같이 가면서, 때로는 길을 밝혀주고 또 때로는 포근하게 위로해주었던 것은 달뿐이었다. 아마 타피 델 바예 주민들은 생각했을 것이다. 사탕수수밭이 그렇게 넓어도 그들 자신은 땅 한 뼘 없고, 그 사탕수수밭이 일궈낸 막대한 부가 비야누게의 지주 같은 소수의 사람들에게 다 돌아갈지언정 타피 델 바예에서 투쿠만에 이르는 그 먼 여정을 변함없이 비춰주는 그 달만은 자신들의 벗이라고.

2부

안데스 맹인악사의 하프

— 아빠, 잉카의 돌들이 말을 해요. 잠깐만 기다려
봐요.
— 아무 소리도 듣지 못할 거야. 돌이 말을 하는 게
아니야. 네 착각이란다. 돌 생각만 하니 머리가 혼란
스러워진 게지.
— 돌이 저마다 다 달라요. 돌이 잘려 있지 않아요.
움직이고 있어요.
아버지가 내 팔을 잡았다.
— 벌판의 돌멩이들에 비해 모양이 서로 달라서 움
직이는 듯한 인상을 주는 거야. 잉카인들은 돌멩이
를 진흙 다루듯 했거든. 여러 번 말해주었잖니.
— 아빠, 돌들이 걷고 요동을 치는 것 같아요.

호세 마리아 아르게다스, 『깊은 강』 중에서

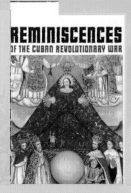

01 슬픈 구름

거리마다 패망의 한을 숨죽여 흐느끼는 듯한 쿠스코를 출발한 기차는 험하고 험한 안데스를 힘겹게 오르기 시작한다. 하룻길인 티티카카 호수까지 이렇게 느릿느릿 첩첩산중을 헤매어야 하나 싶었다. 그러나 불현듯 광활한 평지가 펼쳐지더니 아스라한 지평선을 바라보고 달리는 기차는 외로운 한 점이 되었다. 적막한 광야 한복판에 내버려진 듯한 외로움이 엄습한다. 다행히도 산봉우리들이 좌우로 도열해 서서, 억겁의 세월을 달려도 목적지에 다다르지 못할 것 같은 고독한 여정을 호위해준다. 햇빛에 너무도 선명하게 반사되는 만년설을 머리에 이고 있는지라 손만 뻗으면 덥석 움켜쥘 수 있을 것 같은 모습이다. 하지만 산 정상에서부터 산자락까지 깎아지른 듯이 치닫는 결연한 자태는 결코 사람의 접근을 허용할 것 같지 않다. 그 너머에 사악하게 입을 벌리고 있을 천길 낭떠러지를 감추려함인지…….

기차는 푸나라는 안데스 고원의 황야를 달리는 중이다. 이추라는 억센 풀이 자랄 뿐 농사를 짓기에는 이미 만만한 고도가 아니다. 해발 4000미터는 족히 될 지역이니 말이다. 드문드문 목동과 가축들이 보일 뿐인 허허벌판을 때로는 산들거리며, 또 때로는 쏜살같이 휘잉 가로지르는 상쾌한 바람은 두려워말고 어서 대자연의 영혼과 교감하라는 메시지를 전한다. 나는 문을 열고 난간에 매달려 가슴을 활짝 펴고 드넓은 파란 하늘 아래 펼쳐진 광막한 안데스에 마음껏 안겼다.

날이 저물면서 하늘도 대지도 속절없이 어둠에 묻혀간다. 기차를 호위하던 산봉우리들도 섬뜩한 그림자로 변해가고 컴컴한 입을 벌리고 있는 지평선은 지옥으로 가는 길을 연상시킨다. 또다시 대황야의 보잘것없는 한 점으로 버림받게 될 운명에 몸서리쳐진다. 그러나 그 어둠은 대자연의 오케스트라가 시작되기 직전의 암전이었다. 하나, 둘, 셋, 별이 보이기 시작하더니 하늘을 뒤덮고도 모자라 지평선 바로 위를 한땀 한땀 수놓고, 봉우리마다 은빛으로 테를 두른다. 하늘에 별이 이다지도 많았던가! 쏟아지는 별빛에 눈마저 부시다. 태초의 오케스트라, 별빛 오케스트라가 울려퍼지기 시작한다. 초롱초롱 빛나는 별들은 날렵한 선율을, 조는 듯 꿈벅거리는 별들은 둔중한 저음을 선사한다. 그리고 한줄기 바람이 거칠 것 없이 황야를 지나며 호젓한 화음으로 어우러진다. 어느덧 나는 태초의 음향에 녹아들어 안데스가 내뿜는 숨결의 일부가 되었다.

기차 난간에 매달려 들은 15년 전의 별빛 오케스트라는 안데스에 대한 막연한 그리움 한 자락을 내 가슴에 남겨놓았다. 그후에도 안데스를 몇 번 여행할 기회가 있었고, 그럴 때마다 가슴을 설레며 쏟아지는 별빛에 귀를 기울였다. 그러나 별빛 오케스트라가 준 감동은 결코 다시는 나를 찾아오지 않았다. 그러던 어느 날이었다. 이제는 아련하기만 하던 그 추억을 되살려주는 소리를 듣게 되었다. 안데스 피리인 케나 연주를 듣던 중 문득 그 옛날 별빛 오케스트라와 화음을 맞추던 황야의 바람 소리가 들려온 것이다. 케나의 호젓한 음색이 소야곡에 무척이나 어울릴 것 같다는 생각을 하던 참이라 별빛 오케스트라가 연상된 것일까? 그러나 이내, 소리는 비슷하지만 느낌은 그때와 전혀 다르다는 것을 깨달았다. 내 기억 속에 자리잡은 황야의 바람소리는 경이로움을 다시 일깨우는 기억이었지만 케나 소리에는 애절함이 가득했기 때문이다. 호젓함 밑에 깔려 있는 애절함의 깊이와 사연이 못내 궁금해졌다. 남미에 갈 기회가 왔을 때, 여정에 안데스를 포함시킨 것은 당연한 일이었다.

　　'피리 구멍'이라는 뜻의 케나는 잉카 시대 이전에 생겨나 안데스 전역에 퍼진 악기이다. 심지어 브라질 아마존 유역에 사는 원주민들 중 일부도 케나를 사용하고 있다.

　　아마 잉카의 정복 사업이 케나의 전파에 커다란 역할을 했을 것이다. 오늘날 전해지는 안데스 전통음악이 대체로 애상적이지만 케나가 가장 애틋한 음을 자아낸다는 것은 누구나 공통적으로 느끼는 것 같다. 그래선지 케나에 얽힌 전설들도 애틋하기 짝이 없다. 페루의 소설가이자 인류학자인 호세 마리아 아르게다스가 20세기에 채집한 다음과 같은 시가 그 애틋함을 잘 드러내고 있다. 그 애틋함의 극치는 사랑하는 사람의 뼈로 케나를 만들었다는 전설일 것이다.

:: 피리를 불며 산길을 가는 인디오 소년(Ales2 Music World collection Vol.1에서 발췌)

아무도, 아무도 없이 나 홀로 남았네.
초원의 외로운 꽃일 뿐인 그녀와 그녀의 슬픈 그림자.

너무도 걱정스러워 입에서 케나를 뗐네.
그녀의 목소리가 잘 들리도록.
너무 많이 울어 그녀 목소리가 쉬었네.

삶이 이럴 수가 있을까!
길은 모두 사라지고 나를 감싸주던 것들은 죽고 없네.
모든 것이, 모든 것이 사라졌네.

(채집, 번역: 호세 마리아 아르게다스)

헤수스 라라가 채집하여 『케추아 인디오의 한 부족으로 안데스 인디오들 중 가장 인구가 많다 시』에 수록한 「만차이 푸이투 전설」이 대표적이다. 18세기 중반 포토시에 있는 한 성당의 인디오 사제가 그를 시중들던 처녀와 사랑에 빠진다. 그가 상급자의 명을 받아 리마로 가 있던 중 인디오 처녀는 그리움에 지쳐 죽고 만다. 포토시에 돌아와 이 사실을 알게 된 사제는 밤마다 그녀를 그리워하다가 어느 날 그녀의 무덤을 파헤치기에 이르렀다. 그리고 사랑하는 여인의 경골(脛 骨)을 빼내 케나를 만들고 이루지 못한 사랑의 아픔을 노래로 만들었다. 이후 사제는 완전히 실성하여 안데스를 유랑했고, 무슨 생각에서였는지 항아리를 발견할 때마다 케나를 들이밀고 불기 시작했다고 한다. 볼리비아에 전해내려 오는 노래는 다음과 같이 끝을 맺는다.

:: 뼈로 만든 케나를 불고 있는 남자

그저 그녀의 무언가가 필요해.

그녀의 분신인 뼈를 하나 가슴에 품어야지.

내 이 손으로 케나를 만들어

내 눈물을 울게 할 거야.

그녀가 영원으로부터,

태초로부터

나를 부르고 있는 것일까?

아니, 단지 내 케나의 서러운 푸념일 뿐.

    페루에 전해지는 또다른 「만차이 푸이투」 전설은 캄포레알이라는 메스티소 청년과 마리아라는 스페인 정복군의 후손이 주인공이다. 두 사람의 사랑은 가문과 인종의 장벽에 가로막힌다. 캄포레알이 잠시 리마를 떠난 사이 마리아의 부모가 그에게 여인이 결혼했음을 알린다. 자포자기한 캄포레알은 그 길로 사제가 된다. 그후 캄포레알은 리마로 돌아왔다가 우연히 다시 마리아를 만난다. 사랑의 불길은 걷잡을 수 없이 다시 타오르고 두 사람은 안데스로 도망친다. 그러나 얼마 안 가 여인은 병으로 죽고 만다. 캄포레알은 차가운 시신 옆에 하염없이 누워 시신이 문드러지고 썩어 백골만 앙상하게 남았을 때 경골로 케나를 만들어 불면서 사랑하는 여인의 영혼을 애타게 찾는다. 그의 케나 소리는 인근 주민들이 공포에 질릴 정도로 섬뜩하게 밤하늘에 울려퍼졌다. '만차이 푸이투'는 바로 '섬뜩한 노래'라는 뜻이다.

사랑하는 사람의 뼈로 케나를 만들었다는 전설이 터무니없는 것만은 아닌 것 같다. 안데스에서는 소중한 사람을 기리기 위해 죽은 이의 뼈를 깎아 정성스럽게 불었다는 이야기가 많이 전해진다. 또 지금은 주로 나무로 케나를 만들지만 옛날에는 점토, 속이 빈 나무와 수숫대, 동물의 뼈로도 케나를 만들었으니 사람의 뼈로도 만들었음직 하다. 그러나 '만차이 푸이투' 전설은 공통적으로 남자 주인공이 가톨릭 사제이고 누에바 카스티야 부왕청리마를 수도로 한 부왕청. 리마는 거의 식민시대 내내 남미 최대의 식민도시로 백인들이 많이 거주했다. 카스티야는 스페인 중부 지방을 지칭하는 말로 누에바 카스티야는 '새로운 카스티야'라는 뜻이다의 수도인 리마에 대한 언급이 나온다. 볼리비아 쪽 전설은 시기도 식민시대인 18세기이며, 페루 쪽 전설은 두 주인공의 혈통마저 스페인과 연관시키고 있다. 안데스에서 가장 보편적인 악기마저 정복자들에게 빼앗기고 있는 형국이다.

케나의 애절한 소리가 예사롭지 않은 것은 그런 슬픈 정복사와 무관하지 않다. 세계적인 명성을 얻은 볼리비아 출신의 그룹 인티 라이미의 「야키 푸요」(Llaqui phuyo)가 내게 별빛 오케스트라의 기억을 떠올리게 해주다가도 불현듯 가슴 저미는 슬픔을 연상시킨 것도 그래서인 것 같다. '슬픈 구름'이라는 뜻의 '야키 푸요'는 일종의 추수감사제에 연주되던 곡인데도 처량하기 그지없다. 풍요로운 수확을 하늘에 감사드릴 때도 안데스 원주민들은 구름이 슬프다고 느낄 정도로 서러웠던 것일까? 정복 이전에는 전사들의 씩씩한 기상을 담은 노래나 흥겨운 노동요도 많았다고 하건만 현재까지 전해내려오는 음악은 상당수가 슬픈 가락을 띠고 있으니 지난 500년 동안 호연지기를 기르거나 활달하게 즐길 일이 그렇게도 없었던 것일까? 하긴 헤겔이 『역사철학』에서 인용하고 있는 예수회 신부는, 밤마다 종을 쳐주어야 원주민들이 잠잘 시간, 부부관계를 맺을 시간임을 깨닫는다고 개탄하였다. 신부의 말은 과장일 수도 있지만, 정복은 원주민들에게 종족번식의 욕구까지 감퇴시킬 만큼 커다란 재앙이었던 것은 분명하다. 그러니 드높은 기상을 찬양하고 신명나게 음악을 즐길 만한 마음의 여유가 있었을 리 만무하다.

타피 델 바예를 지나 칼차키 계곡에 접어들었을 때 마주친 킬메스 문명 유적지는 구대륙과 신대륙의 만남이 얼마나 폭력적인 사건이고, 패자의 운명이 얼마나 참담한 것인지를 여실히 보여주었다. 장장 수백 킬로미터에 달하는 칼차키 계곡은 계곡 사이의 폭도 넓어 그 안에 엄청난 크기의 평원이 들어서 있다. 여러 차례에 걸친 안데스 여행을 통해 안데스 곳곳에 이런 산중평원이나 고원이 있다는 사실을 익히 알고는 있었지만, 해발 2000미터에 달하는 고지대에서 칼차키 계곡 평원처럼 넓은 곳을 만나기도 쉽지는 않다.

킬메스 유적지의 주요 건물들은 계곡 한쪽 편의 한 봉우리 아래 있었다. 마치 새가 날개를 펼치고 있는 듯 좌우로 다른 봉우리 하나씩을 끼고 있는 봉우리였다. 지금은 찾아보기 힘들지만 예전에는 콘도르가 많이 서식하던 곳이라 그런 곳을 거주지로 삼았나 싶은 생각이 들 정도였다. 그러나 좌우 봉우리에 군데군데 망루가 있는 것을 보니 군사적 이유 때문에 그곳에 터를 잡았음이 분명했다. 한쪽 봉우리에 올라보았더니 정면은 물론 좌우 양쪽을 멀리까지 살펴볼 수 있는 지형이었다. 망루에 서서 평원을 보니 관목과 선인장만 보일 뿐 어디를 둘러봐도 생명체의 움직임을 느낄 수 없었다. 풍경에 죽음이 감돈다는 '살풍경' 하다는 말이 딱 어울리는 곳이었다.

그러나 정말로 살풍경한 것은 인간의 잔혹함이다. 아르헨티나에서 가장 인기 있는 축구팀으로 한때 마라도나가 몸 담았던 보카 주니어스 팀 유니폼에는 '킬메스' 라는 글씨가 새겨져 있다. 동명의 맥주 회사 로고이다. 부에노스아이레스 근교에 동명의 도시가 있는 것으로 보아 그곳과 어떤 연고가 있는 회사일 것이다. 부에노스아이레스 근교에 어째서 그런 이름의 도시가 있고, 왜 맥주 회사까지 그 이름을 딴 것일까? 전말은 이러하다. 킬메스인들은 한때 인구가 3000명에 이르는 도시를 칼차키 계곡에 건설했다. 그 삭막한 평원에서는 대단한 규모의 도시였다. 그런데 그만 씻을 수 없는 '불경죄' 를 저질렀다. 아르헨티나 원주민들 중에서도 스페인인들에게 가장 끈질기게 저항한 것이다.

:: 위_ 쾌청한 하늘과 살풍경한 대지가 대조를 이루는 킬메스 유적지의 평원
:: 왼쪽_ 킬메스 유적지

스페인인들이 킬메스를 정복하기까지는 무려 130년이나 걸렸다. 마침내 킬메스를 점령했을 때 스페인인들은 끈질기게 저항한 자들을 철저히 응징했다. 킬메스인들을 부에노스아이레스 근교로 이주시킨다는 결정을 내린 것이다. 그것은 이주라기보다 학살이었다. 킬메스인들은 짐승처럼 묶인 채 부에노스아이레스까지 무려 1500킬로미터를 걸어가야 했다. 굶주림과 갈증 그리고 혹독한 행군에 수많은 사람이 죽어나갔다. 일부는 그 고통을 견디다 못해 까마득한 절벽 아래로 몸을 던져 스스로 목숨을 끊었다. 부에노스아이레스 근교에 다다랐을 때 살아남은 사람은 겨우 400명 남짓했다. 그들이 정착한 곳이 오늘날의 킬메스 시이다. 그러나 킬메스 시에는 현재 킬메스인들의 후손이 단 한 사람도 없다. 구대륙에서 건너온 각종 질병과 혹독한 노동으로 한 문명 전체가 지구상에서 영원히 종적을 감춘 것이다. 완전한 망각의 늪에 빠진 킬메스 유적지는 인간의 집요한 탐욕과 증오, 복수가 할퀸 상처가 얼마나 치명적인지 여실히 보여주고 있다.

킬메스 유적지 근처에서 그나마 마을이라고 할 만한 곳은 약 15킬로미터 떨어진 아마이차 델 바예라는 곳이다. 투쿠만 사람들 중에서 더러 아마이차까지 와서 휴식을 취하는 이들이 있다고 한다. 아무리 기상이변이 발생해도 1년에 360일은 날씨가 맑아서 만일 비가 오면 숙박비를 받지 않는 여관도 있다는 이야기를 읽은 적이 있다. 킬메스 유적지로 향하는 중 아마이차를 지날 때 마을 입구에 서 있는, '세상에서 기후가 가장 좋은 곳'이라는 팻말을 보았다. 내가 칼차키 계곡에 갔을 때는 여름이라 그런지 몹시 무덥기는 했지만 하늘은 분명 널리 자랑할 만큼 쾌청했다. 하늘이 상큼하니 나지막하게 떠 있는 선명한 구름 역시 탐스러웠다. 황량한 대지에 눈길을 주지만 않는다면, 아름답다면 아름다운 풍경이었다. 그러나 그곳은 무수한 세월 동안 역사의 한을 곱씹고 있는 원혼들이 있는 땅이었다. 그 죽음의 땅을 딛고 서서 구름을 바라보았을 때 비로소 야키 푸요(슬픈 구름)가 무엇을 의미하는지 조금은 이해할 수 있었다. 잠시 지나가는 나그네가 이럴진대 그 잔혹한 역사를 감내해야 했던 사람들은 어떠했으랴. 킬메스에서 나는 감히 주장하고 싶었다. 케나의 애절함은 연인들의 가슴 아픈 사랑에서 비롯된 게 아니라 치유될 수 없는 역사의 상처에서 비롯된 것이라고.

02 짝을 잃은 시쿠

　　국경의 밤이 깊어간다. 부에노스아이레스에서 족히 2000킬로미터는 떨어진 라키아카는 작은 도시인데도 불구하고 북적거렸다. 어수선한 분위기 탓인지 어째 몸이 축 늘어지는 기분이 들었다. 어쩌면 고지대라서 그런지도 모른다. 사실 이곳에서 작은 다리 하나만 건너면 안데스의 본령 중의 본령인 볼리비아이다. 볼리비아는 내게 미지의 장소나 마찬가지이다. 언젠가 수도 라파스에 들른 일이 있지만 너무도 짧은 여정이라 그런지 별로 기억에 남은 것이 없었다. 내가 가야 할 길에 대한 정보도 별로 얻지 못해 은근히 걱정이 되기도 했다. 아르헨티나에서 육로로 볼리비아를 넘는 일은 현지인들 외에는 별로 이용하지 않는 길이라 그렇다. 걱정이 앞서서인지 어째 싱숭생숭해졌고, 당장 내일부터 고생길이 시작될 터라 늦은 저녁을 숙소에서 대충 때운 후 방에서 티비 채널을 돌리며 쉬고 있었다. 갑자기 화면에 낯익은 산과 마을이 나타났다. 틸카라라는 마을이었다. 틸카라 풍경이 그렇게 낯익었던 것은 그곳에서 국경으로 가는 버스를 기다리며 하릴없이 두 시간 넘게 보낸 탓이다. 화면 속에서 누군가 홀로 고독하게 마을 어귀에 서서 시쿠_{길이가 다른 피리를 여러 개 묶어서 연주하는 악기로 케나와 함께 안데스의 대표적인 악기이다. 삼포냐라고도 한다}를 불고 있었다. 시쿠 연주자 뒤에는 헐벗은 산이 있었다. 깎아지른 절벽과 뾰족한 봉우리를 가진 정나미 떨어지는 모습인 데다 바짝 마을에 붙어 있어 사람들을 질식시킬 것만 같던 바로 그 산이었다. 비인간적인 산들로 둘러싸여 외부로부터 격리된 마을에 홀로 남은 시쿠, 그것은 황폐화된 오늘날의 안데스를 보여주는 이미지이다.

　　　　시쿠는 최소한 두 사람의 연주자, 많을 때는 10~15명에 달하는 연주자가 같이 부는 악기이다. 심지어 한 연주자가 특정 음만을 담당하는 경우도 있다. 너무나 이기적인 연주인 것 같지만 그러면서도 전체적으로는 조화로운 멜로디를 이끌어낸다. 열 개 내지 열다섯 개의 음이 하나의 멜로디를 형성하려면 각자 맡은 음을 적시에 내야 하므로 다른 사람과의 호흡에 극도로 신경을 써야 한다. 따라서 언뜻 보아서는 분업이지만 사실은 그 어떤 오케스트라의 연주보다도 협업 체제가 완벽해야 되는 것이다. 이런 형태의 연주는 알티플라노_{안데스의 고지대 평원. 가령 티티카카 호수 일대의 푸나 역시 알티플라노로 분류된다} 특유의 시쿠리에서 볼 수 있다. 시쿠리는 시쿠 악단을 말한다. 흔히 카니발 때 다양한 크기와 모양의 시쿠를 연주하는 악단이 결성된다. 행진과 춤 그리고 연주를 동시에 해야 하므로 연주 부담이 크지 않도록 특정 음만 담당하는 경우가 생기는 것이다.

그러나 시쿠리는 점점 사라지고 있다. 시쿠 연주자 수가 줄어들었다는 점도 한 요인이다. 이미 1940년대에 알티플라노 이외의 지역에서는 시쿠 연주자의 감소로 시쿠가 소멸하는 게 아닌가 걱정하는 목소리가 있었다. 어쨌든 페루와 볼리비아의 국경에 위치한 티티카카 호수 주변이나 볼리비아의 오루로 등지에서는 아직도 카니발 때 수준 높은 시쿠리를 볼 수 있다. 하지만 티티카카와 오루로 카니발의 백미는 시쿠리가 아니라 악마의 춤이다. 안데스 축제의 레퍼토리 중 가장 유명한 악마의 춤이 시쿠리를 구성할 촉매 역할을 해주는 것이다. 악마의 춤이 없이도 시쿠리 전통이 계속 유지될지는 의문이다.

물론 다른 전통 악기 역시 이미 소멸 단계에 접어든 것이 많고 예전만큼 연주자 수가 많지는 않지만, 시쿠가 사라지는 것은 공동 연주를 할 수 있는 성원을 확보하는 것이 쉽지 않은 현실과 관계가 있다. 그것은 식민시대의 경제구조와 독립, 그리고 근대화가 야기한 빈곤 때문이다. 아르헨티나 북서부 안데스가 대체로 사막에 가까운 건조지대인 만큼 그 옛날에도 살기가 녹록한 곳은 아니었다. 그러나 포토시가 은광 덕분에 번영을 구가하고 있을 때 쿠스코-푸노아레키파, 쿠스코, 푸노는 페루 안데스의 도시들— 라파스 ― 포토시 ― 후후이― 살타―투쿠만―코르도바―부에노스아이레스를 연결하는 교통로를 따라 상업도 활기를 띠었다. 바로 내가 부에노스아이레스에서부터 가고 있는 길이다. 17세기 중반부터 포토시의 은 생산량이 급격히 줄어들면서 상업도 활기를 잃었고, 누구보다 빈곤한 안데스 원주민들이 커다란 타격을 입었다. 그나마 독립과 함께 상업망 자체가 뿌리째 흔들렸다. 아르헨티나 북부의 마지막 주인 후후이

:: 완벽한 협업을 요구하는 시쿠리

:: 헐벗은 안데스 풍경

와 살타, 특히 이 두 주의 고지대는 풍경도 사람도 음식도 아르헨티나가 아니다. 그러나 독립과 함께 아르헨티나의 국경선 안에 남게 된 것이 비극의 씨앗이었다. 여타 안데스 지역과의 교류가 끊기다시피 한 상황에서 아르헨티나 경제의 중심인 부에노스아이레스와는 너무나 멀어 후후이와 살타의 안데스 지역은 점점 오지가 되어갔다. 마침내 이 지역은 천덕꾸러기 신세로 전락했다. 칠레 혹은 페루 쪽 안데스라고 해서 사정이 좋은 건 아니다. 근대화는 으레 불균등한 발전을 초래하는 법이지만 남미의 경우 안데스를 포함해 거의 모든 내륙 지방이 섬멸적인 타격을 입었다. 남미 대부분의 수도가 바다에 인접해 있었기 때문에 안데스는 근대화 과정에서 가장 낙후된 지역이 되었다. 더구나 독립과 근대화를 주도한 새로운 지배층은 안데스 주민을 결코 같은 국민이나 동포로 생각하지 않았다. 19세기 동안에는 오히려 수탈이 더 가속화되어 제2의 정복이니 내부적인 정복이니 하는 말이 나올 정도였다. 만일 수탈할 만한 것이 없을 경우에는 철저히 방치되었다.

아무튼 독립과 근대화의 과실은 전혀 향유하지 못하고 새로운 부작용만 떠안은 안데스 지역은 경제가 극도로 피폐해졌다. 원주민 공동체가 와해되는 경우도 비일비재했고, 그렇지 않은 경우라도 제천행사나 가톨릭 종교 의식 혹은 축제 등을 예전처럼 성대하게 거행하지는 못했다. 대체로 안데스의 마을에서는 유지나 부자들이 행사 비용을 감당하는 전통이 있었으나 모두가 가난해지면서 이 전통이 사라졌다. 점차 각종 의식이나 축제가 사라지면서 전통음악의 전승이 힘들어졌다. 시쿠리는 이제 웬만한 마을에서는 연주자가 모자라 악단 구성조차 불가능하다. 보통 두 사람 이상이 함께 연주하는 시쿠라는 악기 자체가 사치스러운 것으로 여겨질지 모르는 상황이다.

틸카라 역시 안데스의 빈곤이 적나라하게 느껴지는 곳이었다. 마을 중앙의 자그마한 광장에 어수선하게 잔뜩 들어선 노점상 대부분은 원주민 여인네들이었다. 물건을 보는 사람이 별로 없어 대부분 파리만 날리고 있는 실정이었다. 아무리 내 일이 아니라고는 하지만 그들이 어떻게 생계를 꾸려갈지 생각하니 아득하기만 했다. 그나마 그곳 틸카라에 도착하기까지 거쳐 온 광산촌이나 소금평원 일대에 비하면 나은 편이었다. 황량하고 험준한 산세, 높은 고도, 비포장도로, 물 한 방울 나오지 않을 것 같은 장소에 황야의 먼지바람을 뒤집어쓰고 있는 광산촌, 돈 한푼이 아쉬워 허접한 물건을 들이미는 아이들,

:: 안데스의 거대한 소금평원

무려 서울의 여섯 배가 넘는 거대한 소금평원을 끼고 살면서도 한 달에 고작 10 달러도 못 버는 주민들, 이 모든 것이 안데스 전체의 일상인 것이다. 그래서 안데스의 마을에서는 활력을 찾아보기 힘들다. 어떤 마을은 아예 인적을 찾기 힘들다. 집만 덩그러니 남겨두고 대다수 주민이 무작정 도시로 이주했거나 생계를 잇기 위해 온 가족이 모두 밭에 나가 악전고투하는 경우이다. 또 어떤 마을은 사람들이 광장이나 큰길가에 몰려 빈둥거린다. 힘들게 일을 한 후나 식사를 마친 후에 잠시 휴식을 취하는 사람들인지, 일거리가 없어 망연자실 배회하는 사람들인지, 아니면 구걸하는 사람들인지 구분이 잘 안 된다. 게다가 사진기를 들이대기조차 민망할 정도로 모든 것을 체념한 듯한 표정을 짓고 있기도 한다. 이런 마을에서는 으레 먹을 것을 찾아 쏘다니는 개떼를 만날 수 있다. 사람도 개도 모두 흉물스러울 정도로 꾀죄죄해서 주인을 잘못 만나 굶주리는 개를 불

:: 험준한 안데스에서 투어를 위해 특별히 제작된 '모비트랙'이라는 차량. 바퀴 직경이 1미터가 넘는다.

:: 차들은 비포장에 난간도 없는 이러한 험준한 산길을 달린다.

쌓히 여겨야 할지 개와 별로 다를 게 없는 삶을 사는 듯한 주인을 안쓰러워해야 할지 모를 정도이다.

그 곤궁한 삶과 대조되는 풍경이 있다면 이상하리만치 깔끔하게 단장되어 있는 조그만 마을 묘지나 성당이다. 비록 이방인의 눈에는 조잡해 보일 때도 있지만 인디오들은 공동묘지나 성당을 치장하는 일에 지극 정성을 다한다. 그 황량한 산중을 헤매 꽃을 구해 갖다바치고, 조그만 가톨릭 식 제단을 만들어놓고, 알록달록한 장식을 만들어 걸어놓는다. 자신들이 사는 집은 허물어져가고 먼지를 잔뜩 뒤집어쓰고 페인트칠조차 못하고 심지어 지붕마저 없을지언정, 성당이나 마을 묘지에 정결한 십자가를 세우고 수시로 말끔히 청소까지 해놓는 마을을 더러 만날 수 있다. 안데스의 비참함을 직접 목격하고 가슴으로 느끼지 못한 이들은 죽은 자의 집이나 신의 집이 산 자의 집보다 깨끗한 현실을 결코 이해하지 못하리라. 산 자들이 당장 끼니 걱정을 하는 판에 신이나 죽은 자들에게 정성을 바치는 것을 도대체 어떻게 납득할 수 있을까. 그러

:: 황량한 주변과는 대조적으로 깔끔하게
단장된 성당. 사제도 없는 마을이지만
자신들의 집보다 성당 단장에 신경을 쓴
사람들의 심리가 공동묘지를 치장하는
사람들의 심리와 다르지 않으리라.

:: 후후이 주의 슬픈 카니발

나 어찌할 것인가. 안데스 주민의 삶은 이승을 하직하기 전에는 결코 청결하고 안락한 보금자리를 얻을 수 없는 것을.

틸카라에 가기 전에 잠시 들른 마을은, 후후이 주에서 명소로 꼽히는 푸르마마르카이다. 안데스의 고봉들이 급경사를 이루며 치달아 내려오다 그 기세가 한풀 꺾이는 지점에 있어 아늑한 느낌을 주는 마을이었다. 근처가 다 바위산이요 벌거숭이 땅인데 유독 푸르마마르카만 푸르러서 상쾌함까지 느껴졌다. 아주 조그만 산촌 마을에 불과한 푸르마마르카의 자랑은 카니발이다. 안데스식 카니발 전통이 아직도 보존되고 있어서 해마다 많은 외지인들이 구경하러 온다고 한다. 아르헨티나에서는 보기 힘든 광경이기 때문이다. 나 역시 악착같이 육로로 볼리비아까지 가는 험난한 길을 택한 이유가 안데스 카니발을 보고파서였다. 안데스 음악의 진수를 보고 들을 수 있는 소중한 기회이기 때문이다. 그러나 사진을 통해 본 푸르마마르카 카니발에서는 리우나 베네치아 카니발의 흐드러진 분위기는 전혀 찾아볼 수 없다. 가난의 흔적이 뚜렷한 얼굴, 무엇인가를 갈구하는 표정, 축제에 전혀 어울리지 않는 후줄근한 의복, 그것은 슬픈 카니발이다. 아르헨티나와 볼리비아 국경 사이에 놓인 작고 초라한 다리는 그 슬픈 카니발을 직접 목도하게 해준 통로가 되었다.

03 광부들의 카니발

　　　볼리비아의 국경도시 비야손에서 아침 일찍 출발한 버스는 온종일 첩첩산중에 갇혀 있었다. 버스가 힘들게 고개 하나를 넘을 때마다 안도감보다는 오히려 절망감이 엄습했다. 고갯마루에 올라서서 사방에 끝없이 펼쳐진 산들을 본 순간 결코 안데스에서 벗어나지 못할 것만 같았기 때문이다. 버스는 좀처럼 목적지에 닿을 줄을 몰랐다. 산세가 험한 탓이기도 하지만 비포장도로인 데다가 노면도 엉망이라 시속 20~30킬로미터의 한심한 속도로 달리니 정말 언제 목적지에 닿을까 싶었다. 매일 그 험준한 산들을 먼지를 뒤집어쓰고 오르락내리락하는 버스가 쾌적할 리 없었다. 불결하기 짝이 없고 먼지가 폴폴 날리는데 시도 때도 없이 승객을 태우니 마침내는 내 발치를 차지하고 앉아 있는 사람만도 둘이나 되어 다리도 펴지 못할 지경이었다.

언젠가 안데스를 여행할 때처럼 양이나 닭을 태우지 않아 그나마 다행이다. 어디에선가 본 버스 안내문이 요새는 효력을 발휘하고 있는 것일까? 그 안내문은 마스코트를 버스에 싣는 것을 금한다는 내용이었다. 그리고 친절하게도 마스코트의 예를 들었다. 개, 고양이 그리고 양이었다. 양을 마스코트로 여길 리가 있으랴. 그것은 아직도 가축을 태우는 사람이 꽤 있다는 얘기이다. 아무튼 갑갑하고 불편해서 버스가 잠시라도 시원하게 달리기만을 바랐다. 도로 폭이 너무 좁아 차와 마주칠 때마다 비켜줄 장소를 찾느라 쩔쩔맬 때면 상대방 운전수에게 고함이라도 치고 싶은 심정이었고, 암반 절단면이 흉물스럽게 드러난 터널을 지나도, 나무로 얼기설기 머리 위 바위를 떠받친 아슬아슬한 절벽 길을 지나도, 다리 없는 개울로 버스가 돌진해도 그저 빨리만 가주었으면 했다. 버스에 갇혀 있는 게 하도 고역이라 길이 험하다거나 위험하다는 생각까지 할 겨를이 없었던 것이다.

내가 탄 고물버스가 어떡하든 용을 써주기를 바라는 것도 지쳐서 자포자기 심정이 되었을 때 해가 지기 시작했다. 반갑게도 그리 멀지 않은 곳에 계곡마다 불빛이 일렁이고 있었다. 포토시의 불빛이었다. 이리저리 둘러보고 있는데 누군가 나에게 세로리코라면서 한 봉우리를 가리킨다. 그 봉우리 하나가 내 인생 최악의 여정을 보상해주었다. 식민시대의 질곡을 상징하는 봉우리이기 때문이다. '풍요로운 봉우리' 라는 의미의 세로리코는 인류 역사상 최대의 은광이었다. 1545년 포토시에서 은이 발견되자 실버러시가 100년 이상 지속되었다. 1572년에는 직접 이곳을 돌아본 부왕의 영으로 인공 저수지까지 갖춘 계획도시가 건설되기 시작했다. 포토시라는 이름은 원주민어에서 유래했고, 스페인인들은 이 도시를 비야 임페리알, 즉 '제국의 도시'라고 불렀다. 스페인인들이 얼마나 포토시를 중요하게 생각했는지 여실히 알 수 있는 대목이다. 포토시는 전성기를 구가하던 17세기 초에는 인구 16만 이상이 북적대던 라틴아메리카 최대의 도시였다. 해발 4000미터도 넘는 산중 도시가 인구 10만 남짓하던 유럽의 주요 도시보다 더 북적거릴 만큼 세로리코에 은이 넘쳐난 것이다. 오죽하면 당시 스페인어에 '포토시 만한 값어치가 있군'이라는 표현이 생겨났을까.

그러다보니 포토시가 누린 영화에 관한 일화도 많다. 포토시라는 이름은 루이 14세에게 바친 보고서에도 언급될 정도였다. 앞서 언급한 프랑스 여행자 아카레트만 해도 소와 말을 풀어 외적을 퇴치하는 팜파의 엄청난 부를

:: 시내에서 바라본 세로리코. 사진 속의 문이 스페인인과 원주민이 거주하는 구역을 가른다.

언급하면서도 정작 자신은 그곳을 거들떠보지도 않고 포토시로 향했다. 애당초 그가 외국인 입국이 엄격히 금지되어 있던 남미에 잠입한 것도 포토시의 부에 대한 풍문에 혹했기 때문이었다.

　　　　　가장 재미있는 일화는 아무래도 『돈키호테』에서 찾아볼 수 있다. 이미 총과 대포가 주요 무기가 된 시대에 시대착오적인 기사도 정신을 주창한 돈키호테이니만큼 사람들의 조롱과 짓궂은 장난의 표적이 되어 온갖 험한 꼴을 다 겪을 수밖에 없었다. 그래도 나름대로는 불타는 이상을 지녔기에 그 수모를 다 극복할 수 있었다. 그러나 어느 날 돈키호테의 눈앞에서 청천벽력 같은 일이 일어난다. 그가 오매불망 그리던 둘시네아를 알현하게 되는데 그녀의 행색이 공주가 아니라 시골 촌년이었던 것이다. 사실은 산초의 소행이었다. 애초에 존재하지도 않는 둘시네아 공주에게 가서 자신이 뵙기를 청한다고 말씀드리라는 돈키호테의 명에 아무 시골 아낙네나 붙들고는 덮어놓고 공주라고 우긴 것이다. 돈키호테는 둘시네아가 마법에 걸렸다며 비탄에 잠긴다. 그때부터 돈키호테는 공주의 마법을 풀어주는 일을 일생의 과업으로 삼는다. 지성이면 감천이라고, 『원탁의 기사』에서 아서 왕을 도왔던 마법사 멀린이 나타나 마법을 풀 방도를 가르쳐준다. 산초의 엉덩이를 모질게 3300번 매질하면 된다는 것이었다. 고귀한 이상을 지닌 돈키호테를 조롱한 산초를 하늘이 벌하기 위해 멀린을 보낸 것일까? 그렇지 않았다. 사람들이 돈키호테는 물론, 돈키호테에게 물들어 똑같이 허황된 소리를 하는 산초를 곯려주려고 꾸민 일이었다. 이미 사전작업을 통해 산초 역시 둘시네아가 진짜로 마법에 걸렸다고 믿게끔 만들었던 터이지만 산초는 왜 하필 자기가 매를 맞느냐고 펄쩍 뛴다. 하지만 일각이 여삼추인 돈키호테는 당장이라도 산초의 엉덩이를 까고 6600번이라도 매질할 태세다. 그러나 멀린이 단서를 단다. 산초가 자진해서 매를 맞지 않으면 소용없다는 것이다. 그때부터 돈키호테는 틈만 나면 산초를 달래고 달콤한 말을 늘어놓고 애원하고 겁을 주지만 백약이 무효였다. 산초는 처음 엉덩이에 단지 다섯 번 매를 맞고 나서는 온갖 구실로 주인의 간청을 뿌리친다. 그러던 어느 날 산초가 맷값을 요구한다. 돈키호테는 만일 산초의 엉덩이를 때려 둘시네아 공주의 마법이 풀린다면 포토시의 은을 다 주어도 아깝지 않을 것이라고 화답한다. 돈키호테에게도 포토시의 은은 최고의 부를 상징하는 말이었던 것이다.

이렇게 숱한 일화를 남긴 포토시이지만 과거의 영화는 이미 사라진 지 오래다. 인구도 현재는 10만밖에 되지 않는다. 여전히 많은 사람들이 은 채굴에 종사하지만 이미 17세기 중반부터 은의 순도가 떨어지기 시작하면서 도시 전체가 급격히 쇠락했다. 현재의 포토시는 가난에 찌든 도시일 뿐이다. 그래서 포토시 사람들은 그 봉우리를 두고 이제는 세로리코가 아니라 '세로 포브레'(빈곤한 봉우리)라고 자조적으로 말한다. 세로 포브레로 전락하기까지 세로리코는 해발 5150미터에서 해발 4820미터로 주저앉았다. 순전히 은 채굴로 인한 결과이다. 좀 과장해서 말하면 그 사라진 330미터가 스페인을 유럽 최강의 제국으로 성장시킨 것은 말할 것도 없고, 서유럽 자본주의를 태동시킨 원동력이었다. 포토시의 은이 전대미문의 대규모 자본축적을 가능하게 해주었기 때문이다.

포토시에서는 카니발이 예정되어 있었다. 광업 도시이니만큼 광부들이 주축이 된 카니발이란다. 그러나 이리저리 알아보았더니 카니발을 구경하는 일이 그리 만만한 일이 아니었다. 카니발 행진은 광산촌에서 시작되는데 광부들 대부분이 아침부터 잔뜩 술에 취해 있을 거라며 조심하라는 사람이 많았다. 또다른 걱정거리도 있었다. 볼리비아는 카니발이 열리는 2월이면 아이들이나 젊은이들이 물풍선을 아무한테나 던진다. 주로 소녀들에게 이런 장난을 많이 하지만 외국인도 표적이 되기 십상이다. 이미 시내를 돌아다니다가 보기 좋게 한 방 뒤집어쓴 참이었다. 무엇보다 사진기가 물에 젖어 못쓰게 될까봐 걱정이었다. 고심 끝에 난생 처음 보디가드를 구했다. 여행사에 부탁해서 내가 사진 찍는 동안 사주경계를 해줄 사람을 하나 붙여달라고 했다. 마침 전직 광부인 건장한 가이드가 있었다. 광부들의 카니발에 대해 이런저런 설명도 들을 수 있을 것이고 그곳 지리도 훤할 테니 안성맞춤이었다. 그랬는데도 우여곡절을 겪은 후에야 카니발 행렬에 가까이 다가갈 수 있었다. 수많은 구경꾼을 헤치고, 물풍선이 난무하는 곳을 요리조리 피하고, 스프레이를 뿌려대는 아이들도 피한 뒤에야 카니발을 구경하기에 적당한 장소를 찾을 수 있었다.

카니발 행진은 이미 시작되었다. 세로리코 봉우리 위에서부터 광부들과 그 가족들이 끝없이 내려왔다. 근 2만 명이 참가하는 포토시 최대의 축제인 것이다. 이 반나절의 행진을 위해 같은 갱도에서 일하는 사람들끼리 혹은 조합이나 회사마다 저마다 비용을 추렴하고 시간을 쪼개 오랫동안 연습을 한다. 행렬에 참가한 이들은 전반적으로 내가 예상한 것보다 훨씬 복장도 화려하

:: 포토시의 카니발 풍경

고 다채로운 가면을 쓰고 있었다. 스페인 투우사의 복장이 그 요란한 의상에 영향을 미쳤다는 것을 어디에선가 읽은 기억이 났다. 강렬하고 화려한 색채를 지닌 데다가 태양빛에 반짝반짝 빛나는 의상이 원주민들의 부러움을 샀다는 것이다. 투우사의 복장이 과연 어느 정도 영향을 주었는지는 모르겠으나, 화려함을 선망하는 특이한 심리가 식민시대 때부터 원주민들 사이에 존재한 것은 사실이었다. 행렬 중에는 꽤 큰 규모의 밴드를 구성해서 참가한 팀도 있었다. 자기 악기가 있는 사람들도 일부 있지만 상당수는 임대료를 주고 빌린 것이었다. 제복이나 가면은 특히 전문업체에서 빌려온다고 하니 비용이 만만치 않으리라는 것을 한 눈에 알 수 있었다. 포토시 광산촌에 빈곤의 흔적이 너무도 선명해 도저히 믿기지 않았지만, 카니발 의상 중에는 무려 1500달러짜리도 있다고 들었다.

레이 모레노가 이끄는 가면무 행렬이 특히 이채를 띠었다. '레이 모레노'는 '가무잡잡한 왕'이라는 의미로 왕이 백인이 아니기를 바라는 원주민들의 마음이 투영된 것이다. 식민지배자들이 구축해놓은 질서에 대한 일종의 저항인 셈이다. 그러나 광부들의 카니발에 참가한 모든 팀이 토착성이나 주체성만을 강조하는 것은 아니다. 그들 역시 시대의 변화에 따라 외래적 요소를 적절히 수용하기도 하고 새로운 전통을 창조해 나가기도 한다. 가령 많은 팀이 전통 악단 대신 브라스 밴드를 결성해 행진을 벌였다. 안데스 고산지대에 브라스 밴드가 처음 선보인 것은 국민모병제가 도입된 20세기 초 군악대에 의해서였다. 브라스 밴드에 거부감을 느끼는 사람들도 아직 많지만 이제는 상당히 보편적으로 받아들여지는 추세다. 문제는 어떤 악기를 사용하는가가 아니라 어떻게 새로운 악기로 안데스 정서와 잘 융합하는 연주 방식을 개척해 나가는가이다. 그런 점에서 '카포랄'이라는 춤은 시사하는 바가 크다. 카포랄은 식민시대에 스페인인을 대리하여 원주민을 감독했던 마름이나 광산 십장들이 추던 춤이다. 그들은 인종적으로도 인디오가 아닌 메스티소인 경우가 많았고, 백인과 인디오 모두로부터 불신과 멸시의 대상이었다. 그러나 오늘날 카포랄은 안데스 카니발에서는 단골 메뉴이다. 세월이 흐르면서 그들의 춤 역시 안데스의 전통음악으로 공인받은 것이다.

다양하고 이색적인 볼거리에도 불구하고 광부들의 카니발은 그렇게 마음 편히 구경할 만한 분위기는 아니었다. 한편으로는 카니발에 참여한 이들이 너무 자기 자신을 학대하는 듯한 느낌이 들었다. 행진이 오후 1시부터 시작되었는데 이미 독주를 마시고 취해 있는 사람들이 많았다. 취한 상태에서도 맥주면 맥주, 치차(옥수수 술)면 치차 이것저것 가리지 않고 계속 마셔댔다. 또 지나가는 사람을 아무나 붙잡고 술을 억지로 권하기도 하고 시비를 걸기도 했다. 행진에 참여한 사람들마저 잠시 춤이나 연주를 멈추고 술을 마시는 장면도 심심찮게 볼 수 있었다. 다들 쓰러질 때까지 그렇게 마시며 자학의 하루를 보낸다고 한다. 그런 데다가 며칠 후면 콤파드레 _{'대부'라는 뜻이지만 친구나 가까운 이웃을 가리키는 말이기도 하다. 그래서 '콤파드레의 날'은 '남자의 날'이라는 의미에 가깝다}의 날이라 하여 광부들끼리 또다시 이런 술판을 벌인다고 하고, 그로부터 1주일 후에는 코마드레의 날이라 하여 여인네들끼리 또 질펀한 술잔치를 벌인다. 광산촌의 이런 질펀한 술타령을 언급하는 문헌은 많다. 가령 페루 굴지의 광산인 세로 데 파스코에서 20세기 초에 열린 축제를 다룬 책에는, 인디오들이 그 없는 살림에도 빚까지 내 축제를 준비하고 며칠을 술에 절어 사는 것을 한심하게 생각하는 구절이 있다. 그런 풍경이 포토시에서도 그대로 연출되고 있었다. 100년 전이나 지금이나 전혀 변한 게 없이 쓰러질 때까지 술을 마시는 풍습이 카니발과 이어지고 있는데, 과연 그것이 계승할 만한 전통이요 문화일까 하는 생각이 들었다.

　　　광부들의 카니발이 마음을 불편하게 하는 또다른 이유는 타인에 대한 배려보다는 무차별적인 공격성을 표출하기 때문이다. 물풍선이나 스프레이 세례는 분명 유희의 도를 지나친 것이었다. 지나가는 사람들만 공격의 대상으로 삼는 게

:: 위_ 물풍선을 만들어 파는 가게 주인
:: 가운데_ 물풍선 공격에 대비해 비옷을 입은 소녀들
:: 아래_ 카니발을 구경하는 사람들 바로 뒤에서 터지는 다이너마이트

아니라 행진 대열에 낀 사람들, 즉 춤을 추고 연주하느라 물풍선을 피할 겨를도 없는 사람들에게까지 무차별 공격을 퍼붓는 것을 목격할 수 있었다. 젊은 처녀 하나는 무슨 죄가 그리도 많은지 비슷한 또래의 청년들 5,6명이 던지는 20,30개의 물풍선을 혼자 뒤집어써야만 했다. 그래도 누구 하나 말리는 사람이 없었을 뿐만 아니라 그 광경을 보고 웃고 박수치는 이들도 있었다. 포토시 카니발의 가학적인 성향을 엿볼 수 있는 또다른 일은 다이너마이트 폭파였다. 광산촌이라 누구나 특별한 사전허가 없이 쉽게 구입할 수 있는 다이너마이트가 세로리코는 물론 주변 공터에서도 연신 터졌다. 행진하는 사람들이나 구경꾼들이 다치면 어쩌나 싶을 만큼 가까운 거리에서 터지기도 했지만, 이 역시 그 누구의 제지도 받지 않았다.

그렇지만 자학증과 가학성이 여과 없이 분출되는 포토시 카니발을 야만이나 미개의 증거로만 단정지을 수 있을까? 지긋지긋한 가난 속에 평생을 살아야 하는 데다가 그 가난을 대물림할 수밖에 없는 숙명을 짊어진 광부들의 처지를 먼저 헤아려보아야 할 것이다. 어두컴컴한 지하로 들어가 망치와 정만으로 단단한 화강암을 몇 시간씩 쪼고 나서야 겨우 다이너마이트를 터뜨릴 구멍 하나를 뚫는 그들의 전근대적 노동 방식으로는 1년 내내 입에 풀칠하는 것을 걱정할 수밖에 없다. 더구나 중노동에 시달리고 갱도 속의 유독 가스에 노출되다보니 광부들의 평균 수명은 35세밖에 되지 않는다. 그 젊은 나이에 생을 마감하면 그들의 어린 자식들은 여덟 살이든 열두세 살이든 간에 십중팔구 광산에서 일을 시작해야 한다. 그렇지만 그 아이들이 하루 종일 일하고 손에

:: 광부들은 이처럼 초보적인 도구와 조잡한 다이너마이트만으로 채굴 작업을 해 힘겨운 삶을 꾸려간다.

쥘 수 있는 돈은 우리돈으로 800원에 불과하다. 그 돈을 받으면서 어찌 학업을 꿈꿀 것이며, 가진 것도 배운 것도 없이 무슨 새로운 운명을 개척할 수 있겠는가. 그들의 남은 삶 동안 햇볕은 결코 들지 않을 것이다. 그러나 어쩌면 그 아이들은 특별히 절망할 것도 없을지 모른다. 넌덜머리나는 가난과 이별할 날이 어차피 20년 남짓밖에 안 남았을 테니까.

04 악마를 숭배하는 사람들이 사는 땅

안데스 카니발의 백미는 단연코 악마의 춤이다. 악마의 춤은 커다란 악마의 탈을 쓰고 거리를 행진하다가 미사를 드리는 것으로 끝난다. 악마의 춤으로 제일 유명한 곳은 볼리비아의 오루로와 페루의 푸노이다. 푸노는 잉카 기원 신화가 담긴 티티카카 호수를 끼고 있기에 일 년 내내 관광객이 많고, 덕분에 악마의 춤이 티티카카에서 발생했다고 주장할 여지도 많다. 그러나 푸노의 악마의 춤은 1920년대 이전에는 보기 힘들었던 반면 오루로는 18세기부터 악마의 춤이 존재했다. 더구나 오루로 카니발에는 4만 명 이상의 주민이 행진에 참여하고, 그들 중 상당수가 악마의 탈을 쓰는데, 때로는 8일간이나 도시를 누비고 다닌다. 인구가 20만 남짓한 도시라는 것을 고려하면, 또 브라질 카니발의 행사 기간이 4일을 넘지 않는다는 것을 고려하면 대단한 열정이다. 이

:: 오루로 카니발의 악마의 춤

열정이 오루로 카니발에 세계적인 명성을 부여해 오늘날에는 브라질의 리우 카니발, 페루 쿠스코의 인티 라이미(태양의 제전)와 더불어 남미의 3대 축제로 꼽힌다.

　　그런데 포토시 사람들 중에서도 악마의 춤이 포토시에서 발생했다고 주장하는 이들이 있다. 이런 주장은 사실 애향심의 발로일 뿐이다. 지형이 험하고 아직도 교통이 너무나 불편한 안데스는 지방색이 뚜렷해서 타 지역과 묘한 경쟁의식에 사로잡히는 경우가 많다. 케나나 시쿠가 자신의 고장에서 탄생했다고 주장하는 지방들이 있는 것도 그 때문이다. 그러나 적어도 포토시 카니발은 오루로의 그것과 비슷한 측면이 있다. 두 도시 모두 은광의 발견으로 건설된 도시이고, 악마의 춤의 기원도 광산의 존재 때문이다. 그래서 포토시 카니발에서 악마의 춤을 잠시나마 보게 된 것은 커다란 행운이었다. 탈을 가까이에서 직접 보니 무시무시하기 이를 데 없었다. 어째서 1년 중 가장 즐거운 날에 그렇게 섬뜩한 탈을 쓰고, 또 악마를 한껏 찬미하다가도 결국에는 가톨릭 의식으로 춤을 마무리하는지 모를 일이지만 그 탈을 쓴 사람들의 자부심은 대단하다. 성인 남자가 주체하기 힘들 정도로 옷이 무겁고 탈이 커서 남성성의 상징으로 여기는 사람들도 있고, 가장 주목받는 춤이기 때문에 자랑스러워하는 이들도 있다. 이유야 어쨌든 그 큰 탈을 쓰고 또 화려하지만 무거운 의상을 입은 채 덩실덩실 춤을 추는 일이 쉽지만은 않아서 술의 힘에 의존하기도 하는 것이다.

　　광산 갱도에 직접 들어가 보지 못했으면 악마의 춤의 숨은 뜻을 깨닫지 못하고 그저 눈요깃거리로만 생각하고 말았을 것이다. 세로리코 근처 광산 갱도로 직접 들어가는 일정을 잡은 것은 많은 광산이 아직도 식민시대의 방식 그대로 은을 캔다는 말에 솔깃해서이다. 먼저 잠시 시장에 들러 광부들에게 선물할 코카 잎, 술, 담배, 다이너마이트 등을 구입했다. 광부들에게는 필수품인 이것들을 작업 모습을 보는 대가로 선물하는 것이다. 다섯 명이 2달러 정도씩 돈을 각출했는데도 광부들 몇 팀에게 돌아갈 만큼 충분한 양을 살 수 있었다. 볼리비아 물가가 워낙 싼 탓이기도 하지만 술이나 담배가 저질이기 때문이다. 광부들이 마시는 술이 96도라고 해서 도저히 믿을 수 없어 한 모금 마셔보니 메틸알코올이었다. 육체적 피로와 갱도의 추위를 극복하는 데 술이 필수적이기는 하지만 광부들은 제대로 된 술을 살 여력이 없는 것이다.

담배도 저질 담배 가루와 담배용 종이를 사서 적당히 말아 피운다. 코카 잎은 예로부터 고산병에 효과가 있다고 하여 원주민들은 그걸 입에 물고 다닌다. 코카인을 추출해내는 바로 그 식물이다. 광부들은 육체적 피로를 잊게 해준다는 이유로 코카 잎을 잔뜩 입에 물고 작업을 한다. 한번 갱도에 들어가면 보통 8시간을 일하는데 입 속의 코카 잎을 새 잎으로 갈고 잠시 휴식을 취하는 것으로 점심을 대신하기 일쑤다. 가끔 돈이 필요해 24시간을 내리 일할 때도 식사 대신 코카 잎으로 때운다. 광부들이 코카 잎을 씹게 된 건 스페인인들 때문이라는 설도 있다. 피로와 굶주림, 추위를 잊고 일하게 만들려고 코카 잎을 다량 제공했다는 것이다.

갱도로 들어가기 전에 먼저 세로리코 산자락으로 갔다. 원주민들은 세로리코를 수막 오르코라고 불렀는데 이는 아름다운 봉우리라는 뜻이다. 봉우리 모양이 모난 데 없는 날렵한 원추형이어서 그런 이름이 붙었다. 하지만 원래가 민둥산인 데다 군데군데 폭파의 흔적까지 있으니 우리 눈에는 아름다워 보일 턱이 없다. 세로리코 맞은편 봉우리에는 포토시의 또다른 상징이 있다. 세로리코를 등지고 포토시를 한눈에 내려다보고 있는 성당이다. 포토시 시내에 거주하던 스페인인들도 멀리 보이는 이 성당을 보고 나름대로 신앙심을 키웠을지도 모르나, 이 성당은 기본적으로 광산에 투입되는 원주민을 위한 것이었다. 가톨릭으로 개종할 수밖에 없었던 대다수 인디오에게 그 성당은 무슨 의미가 있었을까? 안데스 각지에서 강제로 끌려오다시피 한 인디오들이 짐승처럼 일하면서 과연 스페인인들이 만들어놓은 성당을 보고 위안을 얻었을까? 삭막한 광산에 덩그러니 서 있는 성당이 가지가지 의문을 자아냈다.

:: 세로리코 근처의 성당

갱도에 들어가 티오라는 흉상을 보고 나서 그런 의문에 대한 명쾌한 답을 얻을 수 있었다. 티오는 스페인어로 삼촌이라는 뜻이다. 하지만 자기보다 나이가 많은 친밀한 아저씨를 가리키는 경우도 많다. 티오 상은 하나만 있는 게 아니라 갱도마다 있으며, 마치 사람인 양 저마다 이름이 있다. 광부들은 갱도에 들어갈 때마다 먼저 티오 상 앞에서 의식을 치른다. 무사히 일을 마치게 해달라고, 은을 많이 캐 부자가 되게 해달라고 기원하고, 힘든 일이 있으면 마음을 의지하기도 한다. 무섭고 귀엽고 앙증맞고 우울하고 노기를 띤 갖가지 티오 상이 존재하지만 내가 첫번째로 본 티오 상은 아주 귀여운 얼굴을 하고 있었다. 특히 눈길을 끈 것은 밝은 푸른색 눈과 머리에 달린 뿔이었다. 광부들은 티오 눈에 술을 부어주었다. 깨끗이 씻은 눈으로 은을 잘 보고 그곳을 가

:: 96도 메틸알코올 병과 코카 잎이 수북하게 봉헌된 티오(왼쪽)와 은을 잘 보게 해달라고 술로 눈을 씻고 담배까지 물려준 티오

르쳐달라는 의미에서이다. 그래서 밝은 푸른색 광물로 눈동자를 만들어놓은 것 같았다. 서구 자본축적의 동력이자 상징인 은과 마술적 신앙이 결합된 형국이라 이를 두고 마술적 자본주의라고 정의하는 이도 있다.

티오에 대한 의식은 그걸로 끝나지 않았다. 코카 잎을 바치고 입가에 그 즙을 바른다. 또한 담배를 물려주기도 한다. 티오만 숭배하는 건 아니고, 파차마마라고 부르는 대지의 여신에게도 코카 잎과 술을 봉양하였다. 파차마마는 안데스 전 지역에 걸쳐 가장 보편적으로 모시는 신이다. 잉카인들이 특히 받들어 모시던 태양신 인티보다 더 널리 숭배된다. 파차마마처럼 전 안데스에 걸쳐 널리 받드는 신은 흔히 서구 창조신화의 조물주에 비유되는 위라코차(또는 비라코차)가 있을 뿐이다.

보통 안데스 신화는 이분법적이다. 신들은 거의 쌍을 이루며 등장한다. 서양의 이분법적 체계와 다른 점이 있다면, 쌍을 이루는 그 신들이 대립적인 관계나 상하관계가 아니라 상호보완적인 관계라는 점이다. 따라서 광부들이 모시는 티오는 파차마마와 상호보완적인 관계를 맺고 있는 신인 셈이다. 티오가 전 안데스에서 공통적으로 숭상되는 파차마마와 동격이라는 점으로 미루어 티오에 대한 광부들의 신앙심이 어느 정도인지 능히 짐작할 수 있다. 티오 숭배는 식민시대에 인디오들이 광산에 투입되면서부터 생겨났다. 당시 스페인인들은 인디오들을 갱도에 몰아넣고 6일 동안 나오지 못하게 했다. 인디오들은 오직 미사가 있는 일요일에만 햇빛을 볼 수가 있었다. 가톨릭 포교를 정복의 명분으로 삼았고 원주민의 개종을 책임지겠다는 구실로 대규모 노동력을 확보한 스페인이니만큼 일부러라도 미사에 원주민을 참석시켜야 했을 것이다. 일주일에 단 하루밖에 햇빛을 보지 못하는 그 가혹한 노동 조건 속에서 인디오들에게 최소한의 위안을 준 것이 바로 티오 숭배였다.

그런데 뿔은 어째서 달려 있는 것일까? 그 뿔은 묘하게도 악마의 상징이자 동시에 저항의 상징이다. 원주민들은 처음 가톨릭을 접했을 때 신과 악마를 잘 구분하지 못했다고 한다. 즉 그들의 상호보완적 신앙체계로는 신과 악마가 각각 절대선과 절대악으로 대립되는 존재라는 것을 이해할 수 없었던 것이다. 가령 안데스에도 스페인인들이 오기 전부터 기독교의 악마에 해당할 수파이라는 땅의 정령이 존재하기는 했다. 그러나 기독교의 악마와 달리, 수파이는 심술궂은 장난을 치기는 해도 절대악의 상징은 아니었으며 때로는 숭배의 대상이 되기도 했다.

원주민들이 처음에 가톨릭 신을 받아들인 이유는 그저 스페인 사제가 악마보다는 신을 주로 거론하고 숭배하니까 이를 따랐을 뿐이라고 한다. 그러나 스페인인들이 오직 신만 숭상하고 악마를 배척한다는 사실을 알았을 때 티오 숭배는 인디오들 사이에서 걷잡을 수 없이 확산되었다고 한다. 스페인인의 적이면 자기편일 거라는 단순한 논리 때문이었을까? 스페인인은 결코 갱도에 직접 들어오는 일이 없었으므로 원주민들은 거리낌 없이 티오를 숭배할 수 있었다. 스페인인들이 광산 입구에 거대한 성당을 지어놓고 원주민의 영혼마저 정복했노라고 만족해하고 있을 때, 원주민들은 그들만의 신을 창조하는 위대한 저항을 시작한 것이다. 그들의 저항이 그다지 현실을 많이 바꾸지는 못했다고 하찮게 여길 사람도 있을 것이다. 그러나 원주민은 티오 숭배를 통해 당당하게 입증했다. 결코 정복자들에게 동화된 적이 없다는 사실을.

악마의 춤은 1년에 한 번 티오를 밝은 세상으로 모시고 나옴으로써 원주민들의 자긍심을 만천하에 드러내는 일이었다. 지배자들의 세상에 몸을 드러낼 때 티오는 거대하고 늠름하고 두려움을 주는 존재로 꾸며진다. 더구나 오루로에서는 티오가 매년 열리는 카니발 때마다 가톨릭 성녀인 소카본 성녀와 성전을 벌인다. 소카본 성녀의 기원에 대한 전설은 여러 가지가 있다. 그중 한 가지는 이 성녀가 원주민을 가톨릭으로 개종시키고자 출현했다는 내용을 담고 있다. 원주민들이 개종하자 그들의 옛 신들은 노하여 도마뱀, 전갈, 개미 등을 보내 그들을 괴롭힌다. 그러자 다시 성녀가 나타나 치열한 전투 끝에 이들을 물리쳤다고 한다. 악마의 춤을 추는 대열에서 뱀, 거미, 용의 탈 등을 볼 수 있는데 바로 소카본 성녀 전설에서 유래한 것이다.

오루로 카니발은 악마의 춤을 추던 춤꾼들이 소카본 성녀를 모신 성당에 이르러 일제히 탈을 벗고, 성녀에게 경건한 예배를 드리는 것으로 대미를 장식한다. 이교도와 가톨릭의 전쟁에서 또다시 가톨릭이 승리하는 양상을 띠는 것이다. 그러나 '소카본'은 '갱도'라는 뜻이다. 이를테면 소카본 성녀 역시 광부들이 모시는 성녀였던 것이다. 원주민들은 세로리코 성당 앞에서 가톨릭 신에게 경건하게 경배를 드리는 척하면서 실제로는 지하에서 티오를 숭배했듯이, 소카본 성녀의 승리를 찬양하면서 파차마마의 전지전능함을 떠올렸을 것이다. 원주민들은 심지어 성모마리아마저 파차마마와 동일시해왔기 때문이다.

포토시 조폐창 박물관에서 본 18세기 그림 한 폭이 이를 여실히 보여준다. 「세로리코의 성모」라는 그림으로, 화폭 한가운데를 차지하고 있는 세로리코의 정상에 성부와 성자와 성신이 찬란한 관을 씌워 주는 장면을 담고 있다. 식민시대 포토시 회화의 정수로 꼽히는 이 그림은 화가의 이름이 전해지지 않는 것으로 보아 인디오 장인이 그렸을 가능성이 높다. 세로리코 아래편에서 대관식을 경건히 우러러보고 있는 사람들 중에는 교황과 스페인 황제 카를로스 5세가 포함되어 있다. 그리고 봉우리 발치의 둥근 원은 세계를 상징하거나 혹은 한때 세계 경제의 중심이었던 포토시를 상징한다고 한다. 교황과 황제를 위시해 세계 전체를 아우르는 으뜸 자리에 즉위하는 세로리코를 형상화함으로써 포토시의 자부심을 한껏 과시하는 그림이다. 세로리코를 교황과 황제보다 우위에 두는 '불경'을 저지르고도 이 그림이 무사할 수 있었던 것은 봉우리 정상에 성모마리아의 얼굴을 그려 넣었기 때문이다. 즉 성모마리아에게 세로리코의 발견과 포토시 번영의 영광을 돌린 것이다.

　　　그런데 이 그림에는 가톨릭이나 스페인 황제와 관련된 아이콘만 있는 것이 아니다. 봉우리 양옆의 해와 달은 잉카의 태양신과 달신이다. 또 봉우리에는 성모마리아의 얼굴 외에도 원주민과 관련된 많은 일화들이 담겨 있다. 잉카 황제 와이나 카팍이 1462년 포토시에 왔다는 전설이나 세로리코에서 은맥을 발견한 원주민의 전설 같은 것이 그 예이다. 그렇다면 이 그림이 두 문화의 만남을 예찬하고 있다고 보아야 할까? 아니면 가톨릭 신앙에 토착민들의 아이콘과 전설을 은근슬쩍 끼워 넣음으로써 문화적 저항을 하고 있는 것일까?

:: 작자미상의 식민시대 회화의 정수 「세로리코의 성모」

화가에 대해서도, 또 그림의 내력에 대해서도 소상히 알려진 바 없기 때문에 그것이 예찬인지 저항인지 판단하기는 결코 쉽지 않다. 그러나 적어도 이 그림이 지배자와 피지배자 간의 타협의 산물임은 분명하다. 원주민들은 이 그림을 보면서 봉우리 속의 얼굴을 성모마리아로 생각하지 않고 파차마마로 받아들였다. 그리고 적어도 이 그림이 그려진 18세기의 스페인인들은 그 사실을 알고 있었다고 한다. 성모마리아와 파차마마를 동일시하는 신앙이 너무도 널리 퍼졌기 때문에 모를 리가 없었던 것이다. 당연히 신성모독이나 우상숭배로 종교 재판에 회부할 일이지만 스페인인들은 체념하고 말았다. 그 많은 원주민들을 어떻게 다 벌할 것인가! 오루로 카니발의 소카본 성녀 전설은 바로 이 그림이 그려진 무렵에 생겨난 것이다. 성모마리아의 변이형인 소카본 성녀 역시 원주민 광부들에게는 파차마마로 받아들여졌을 것이다. 그렇다면 오루로 카니발은 단순히 악마와 잡귀에 대한 가톨릭 성녀의 승리를 예찬한 것이 아니고, 차라리 소카본 성녀와 티오가 일 년에 한 번 밝은 세상에 나와 성전을 빙자한 유희를 벌이는 것이라고 할 수 있다.

05 인어의 악기

은광 갱도를 오르락내리락하고 전통 카니발을 구경했다 해서 포토시를 다 본 것은 아니다. 포토시는 골목골목마다 기웃거릴 필요가 있고, 때때로 발길을 멈춘 채 음미해야만 하는 곳이다. 포토시는 가히 예술의 도시요 야외 박물관이라고 부를 만한 곳이기 때문이다. 성당만도 무려 36개에 달하니, 숫자만으로는 스페인 식민도시 중 그 어느 곳도 대적할 수 없다. 더구나 부유한 도시였던 만큼 성당 하나하나가 식민시대 예술의 정수이다. 비록 '문명의 빛'은 안데스를 내려가 대서양을 건너야 존재한다고 믿었던 시대였으나 포토시에서 예술을 향유하는 것은 일도 아니었다. 포토시가 한 번 은궤짝을 열면 불가능이란 없었다. 덕분에 포토시에서는 식민시대 라틴아메리카 예술을 대표하는 바로크 양식 성당도 흔히 만날 수 있다. 바로크 성당은 입구에서부터 한

눈에 표가 난다. 현란한 문양과 부조, 조각 등이 성당 정면을 빈틈없이 뒤덮고 있기 때문이다. 포토시의 바로크 성당은 바로크 특유의 현란함에 원주민들의 신화와 상상력, 문양 등이 가미되어 스페인 바로크를 한 단계 끌어올렸다는 느낌마저 주었다. 유럽에서는 결코 볼 수 없는 이 창조적인 예술 양식에 정복자 스스로도 반하여 건축과 예술, 장식품 등에 돈을 물 쓰듯 했다. 스페인인들 입장에서 보자면 광란의 정복 사업을 성공리에 마치고 수탈 체제를 공고히 하는 '위업'을 세웠으니 당연히 최고의 삶을 누리고 싶었을 것이다. 그리고 최고의 예술을 향유하는 삶이야말로 최고의 삶이라고 생각했을 것이다. 그러나 실제로 포토시의 성당들을 건축하고 예술품으로 가득 채우는 일을 담당해야 했던 원주민 장인들은 자신들이 창조한 그 현란한 예술을 대하며 무슨 생각을 했을까? 지배자의 명이기에 어쩔 수 없이 따랐다고 보기에는 예술품 하나하나마다

:: 바로크풍의 산프란시스코 성당 정면. 스페인에서 유입된 바로크 양식은 라틴아메리카에서 원주민 문화와 접촉하며 새 생명을 얻었다. 그것은 두 세계의 위대한 만남이었다. 그래서 라틴아메리카 바로크를 특별히 메스티소 바로크라고 부른다.

그들의 노고가 너무나 영롱히 빛을 발하고 있었다. 아마도 정복이라는 대재앙을 겪은 뒤의 정신적 공황을 달래기 위해 예술 창조에 혼을 바쳤으리라. 마치 천지신명께 치성을 드리는 심정으로 예술품 하나하나에 정성을 다하고, 현란한 완성품이 자아내는 시각적 즐거움에 기대어 이승의 한을 잠시나마 잊었을 것이다.

쇠락의 길을 걷기 시작한 지 300년도 넘는 포토시이니 옛 건물과 예술품들의 보존 상태가 좋을 리가 없다. 그나마 보존 상태가 좋다는 산로렌소 성당이나 산프란시스코 성당마저 쇠락의 세월을 증명이라도 하듯 여기저기 갈라지고 떨어져나갔다. 그러고 보니 포토시를 진입할 때 보았던 대저택들이나 시내에 아직 간간이 남아 있는 포토시 양식의 발코니 역시 몇백 년 동안 한 번도 보수를 하지 않은 듯 금방이라도 무너질 것 같았고, 또 추하다 싶을 정도로 색이 바랬던 것 같다. 그 옛날 원주민 장인들이 흘린 굵직한 땀방울은 흔적도 없이 증발해버리고 대신 흙먼지만 두껍게 앉아 있는 모습은 인생무상을 넘어 망각의 잔인함마저 느끼게 해주었다. 포토시에서 피어난 문화가 남기고 있는 것이 아직도 많으며, 그 유산이 결코 작거나 가볍지 않다는 것을 카페 포토시에서 깨닫지 못했다면 아마 쇠락의 잔영만을 가슴에 안고 이 도시를 떠났을지도 모른다.

일종의 페냐인 카페 포토시에 들어간 것은 라이브 공연이 시작되기 전이었다. 카페 벽은 그림들로 장식되어 있었다. 이미 처음 포토시에 도착했을 때부터 낯익은 풍경이었기에 특별할 것은 없었다. 첫날 머문 숙소만 해도

:: 카페 포토시에 걸려 있는 뿔피리 그림

아주 평범한 여관이었는데도 벽마다 잔뜩 그림이 걸려 있었다. 건축뿐만 아니라 회화로도 유명했던 포토시의 내력을 새삼 실감할 수 있었다. 쿠스코, 키토와 더불어 식민시대 남미 3대 화파의 본산이었고, 식민시대 남미 3대 화가로 꼽히던 멜초르 페레스 데 올긴을 낳은 곳이 바로 포토시이다. 회화가 융성한 기억이 있는 도시라서 그런지 20세기 초에 다시 한번 회화가 붐을 일으켰다. 토착성을 강조한 근대 포토시 화파가 형성되었던 것이다.

카페 포토시에서 조우한 그림들은 근대 포토시 화파의 영향이 역력했다. 그중에서도 원주민 한 명이 뿔피리를 부는 그림에 마음을 빼앗겼다. 마치 흑백사진을 보고 있는 듯한 착각을 불러일으킬 정도로 사실적인 그림이었다. 질끈 감은 눈, 튀어나온 광대뼈, 쑥 들어간 볼, 힘이 느껴지는 입술, 뿔피리를 불끈 잡은 손 등이 묘한 긴장감을 불러일으켰다. 마치 온 영혼을 음악에 담으려는 듯 혼신의 힘을 다하는 것이 느껴졌다. 아르헨티나 북부에서부터 포토시에 이르는 동안 인디오들에게 한 번도 느껴보지 못한 열정을 폭포수처럼 분출하며 뿔피리를 불고 있었다.

잠시 그림에 넋을 잃은 사이 갖가지 악기를 든 악단이 카페 문을 열고 들어왔다. 9명의 멤버 대부분이 시쿠를 들고 있었다. 봄보와 타르카도 보였다. 두 가지 다 안데스의 전통 악기로, 봄보는 북의 일종이며 타르카는 케나처럼 한 줄 피리이다. 악단 멤버들은 결코 개인적으로 돋보이려는 행동을 하지 않았다. 전체의 일원으로서 맡은 바 역할에 충실하려는 기색이 역력했다. 북을 든 사람을 중심으로 원을 그리며 돌기도 하고 그를 중심으로 도열해서 연주하고 노래하였다. 현대적인 팀워크의 개념 때문이라기보다 공동체적인 삶의 양식이 아직 강하게 남아 있어서 그러는 듯했다. 그들이 쉬는 동안 잠시 이야기할 틈이 있었다. 자신들은 1년에 몇 달씩은 포토시 일대를 돌며 전통음악을 채집하고 계승하는 작업을 하고 있다는 것을 유난히 강조했다. 타르카에 대해 물었더니 반색을 하며 친절히 설명해주었다. 기본적으로 케나와 시쿠는 건기에 불고 타르카는 우기에 부는 악기라는 점에서 차이가 난다는 것이다. 하지만 포토시를 위시하여 볼리비아 쪽 알티플라노 지대는 케나보다는 타르카를 선호한다. 카니발이 열리는 시기가 우기라서 그런지 몰라도 특히 카니발 때 타르카를 많이 사용하고, 가끔은 타르카 독주 음반도 출시된다. 케나가 전 안데스적인 악기라면 타르카는 볼리비아의 국민적인 악기인 셈이다. 인근의 전통 음악을

:: 카페 포토시에서의 공연 장면

채집한다는 것을 자랑하고 타르카에 대해 장황하게 설명해주는 모습에서 포토시에 대한 그들의 자부심과 전통음악에 대한 열정을 읽을 수 있었다. 그러고 보니 그들이 1부 공연에서 사용한 악기는 스페인인들이 도래하기 이전부터 사용되던 것뿐이었다. 다만 예외가 있다면 차랑고였다.

차랑고는 언뜻 보면 기타처럼 보이지만 사실은 비우엘라가 직접적인 조상이다. 하긴 비우엘라가 기타와 유사한 악기이기는 하다. 다만 현이 5쌍 10줄로 구성되어 있다는 점에서 다를 뿐이다. 지금은 비우엘라가 거의 사라졌지만 식민시대에는 널리 사용되었다. 그래서 라틴아메리카에서 가장 많은 변종 후손을 거느리고 있다. 멕시코의 하라나, 푸에르토리코의 쿠아트로, 콜롬비아의 티플레, 파나마의 소카본, 칠레의 기타론, 에콰도르의 반돌린, 페루의 반두리아스가 다 비우엘라의 후손들이다. 그러나 그 어느 것도 차랑고처럼 토착민들의 마음에 깊이 파고들지는 못했다. 이는 차랑고가 높은 음역을 선호하는 안데스 전통음악에 적당했기 때문이라고 추측된다. 어쨌든 차랑고는 완전히 토착화되어 원주민들 중에서도 스페인인들이 도래하기 이전부터 조상 대대로 전해진 악기라고 잘못 알고 있는 사람이 많을 정도이다. 하긴 악기를 만드는 재료조차 토종을 썼으니 착각할 만도 하다. 지금이야 주로 나무로 공명통을 만들지만 예전에는 남미산 포유류인 아르마딜로로 만들었다. 아르마딜로는 외양이 쥐나 고슴도치 비슷하지만 등은 거북 형상이다. 그 딱딱한 등짝을 벗겨서 공명통으로 삼은 악기가 바로 차랑고이다. 따라서 아르마딜로의 크기에 따라 차랑고 크기도 달라질 수밖에 없으며, 이에 따라 소리도 달라지는 것이다.

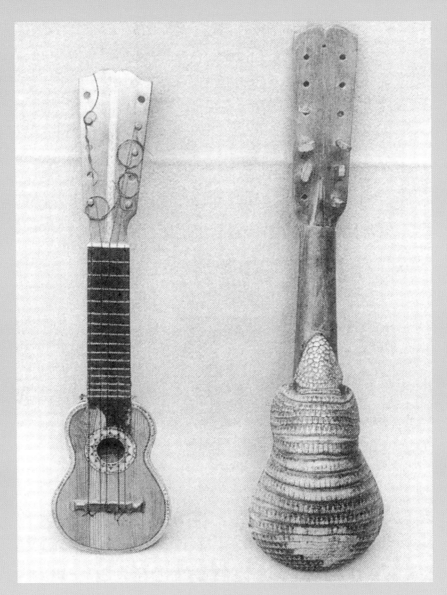

:: 아르마딜로의 등껍질로 만든 차랑고

아무리 공동체 의식이 강한 안데스라지만 사람마다 크기가 다른 차랑고를 가질 수밖에 없다는 점이 차랑고가 개성적인 악기라는 인식을 심어 준 것일까? 차랑고 연주자는 자기만의 독특한 차랑고 연주로 구애를 하기도 한다. 티티카카 호수 일대에서는 예전에 주말 장터에서 차랑고에 색색가지 장식끈을 매단 차랑고를 들고 있는 청년들이 가끔 보였다고 한다. 끈의 수는 차랑고 연주로 마음을 얻은 여인들의 수에 비례한다. 다시 말해 차랑고의 장식끈은 연주자로서의 긍지이기도 하며 남성다움의 상징이기도 한 것이다. 차랑고를 멋들어지게 연주하고픈 소망에서인지 아니면 아리따운 아가씨를 소망하는 것이지는 몰라도 새로 차랑고를 만들면 그것을 봉헌물과 함께 호숫가에 둔다. 호수의 인어가 밤새 차랑고를 조율해 준다는 전설이 전해내려오기 때문이다.

차랑고가 비우엘라에서 유래했다는 것은 명백하지만 안데스 어느 지역에서 차랑고로 변신했는지는 이설이 많다. 그런데 포토시에서 처음 차랑고가 생겨났다는 설이 아주 유력하다. 그것도 포토시 사람들이 하는 소리가 아니라, 차랑고 연주자로 해외에도 명성을 떨쳤으며 작곡가, 음악 연구가이기도 한 에르네스토 카부르의 주장이다. 식민통치 시절 예술에 대한 포토시의 집착을 상기한다면 어느 정도 설득력 있는 주장이다. 부를 과시하기 위해서라도 예술에 탐닉했던 도시에 음악인들과 음유시인들이 빠질 리 만무했다. 덕분에 식민시대 포토시 거리는 낮에는 축제의 도시를 방불케 하고 밤이면 감미로운 세레나데가 울려퍼졌다. 그리고 비우엘라처럼 휴대가 간편한 악기는 실버러시가 시작된 직후부터 바로 포토시에 유입되었다. 물론 그렇다고 해서 비우엘라

:: 메스티소 바로크 양식의 산로렌소 성당. 차랑고를 연주하는 두 인어를 새겨놓은 곳으로도 유명하다.

가 포토시에서 차랑고로 변했다는 증거는 없다. 그러나 차랑고가 일찍부터 포토시의 거리거리에서 울려퍼졌던 것은 분명하다. 산로렌소 성당 입구가 차랑고의 유행을 기록해놓고 있다. 한 쌍의 인어가 차랑고를 연주하는 모습이 부조로 남아 있는 것이다. 이 부조를 통해 차랑고가 초자연적인 존재인 인어의 매혹적인 힘이 담긴 악기로 인정받았음을 분명히 알 수 있다. 유럽에서는 다른 악기와의 경쟁력을 상실해 소멸된 비우엘라가 신대륙에서는 인어의 악기로 변신하면서 새로운 생명을 얻은 것이다. 바로 그렇다. 카페 포토시의 그림에서 발산되는 예사롭지 않은 열정도, 타르카를 예찬하던 악단의 자부심도 외래문화를 자신의 것으로 소화시키는 역량의 산물이었던 것이다.

06 하늘에 걸린 야경

볼리비아의 수도 라파스에 도착하니 아침이었다. 무엇보다 예전에 충분히 못 했던 시내 구경을 먼저 하리라 벼르고 왔건만 온갖 우여곡절 끝에 결국 이루지 못했다. 그저 시내를 어슬렁거리고, 이건 거의 거저다 싶을 정도로 모든 것이 헐값이라 기막혀하고, 길거리에서 휴대전화를 빌려주고 통화료를 받는 직업이 생긴 것을 보고 요지경 세상이다 싶었다. 그래도 다음날 라파스 근교의 티와나쿠 유적지를 보러 가는 길은 즐거웠다. 티와나쿠는 기원전 400년경 형성되어 700~1200년 사이에 전성기를 누린 문명이다. 페루와 볼리비아를 통틀어 안데스 고지대에서는 문명이라고 부를 만한 최초의 것이었다. 10~11세기경에 일어난 잉카 족 역시 처음에는 티와나쿠인들에게 복속되어 있었다는 설도 있다. 유적지에는 제법 번듯한 박물관이 있어서 각종 유적과 함께 높이 7미터에 무게가 17톤이나 되는 사람 모양의 거석이 보존되어 있었다. 바위를 통째로 다듬은 것이라고 하니 그저 놀라울 뿐이다. 그 거석은 전체적으로는 소박하면서도 강인한 인상을 풍겼지만 세부적으로는 위라코차, 콘도르, 차스키(일종의 전령), 퓨마, 뱀 등을 세세히 새겨놓아 가히 안데스 전통 문양의 진수를 본 느낌이었다. 박물관 옆에는 유물들이 남아 있는 넓은 벌판이 있다. 티와나쿠 문명은 푸나라는, 안데스 고지대의 대황야에서 일어난 문명인 것이다. 비록 10프로밖에 발굴이 안 됐다고 하지만 그 유명한 태양의 문이 있어서 한번쯤 들러볼 만하다. 태양의 문 위쪽에는 태양의 움직임을 묘사한 문양이 있으며, 그 문을 통해 들어오는 햇살이 어디까지 미치는가를 측정하여 계절의 변화를 알 수 있었다고 한다.

:: 티와나쿠 문명 유적지의 태양의 문

티와나쿠 문명은 티티카카 호수에서 아주 가깝다. 예로부터 티티카카 호수는 성스러운 곳으로 추앙받았다. 잉카의 창건자들이 이 호수에 있는 태양의 섬에서 하늘의 계시를 받고 쿠스코로 이동했다는 신화가 있을 정도이다. 그러나 볼리비아인들에게는 티티카카가 티와나쿠 문명의 모태가 된 호수이기 때문에 성스럽다. 페루인들에게 쿠스코와 마추픽추가 있다면 볼리비아인들에게는 티와나쿠가 있는 것이다. 람바다로 편곡되어 세계를 휩쓴「울면서 그녀는 떠났네」(Llorando se fue)라는 곡으로 널리 알려진 키하르카스 그룹이 볼리비안인들의 티와나쿠 사랑을 엿보게 해준다. 그들은 코차밤바 출신이다. 코차밤바는 해발 2500미터 정도에 위치해 있기 때문에 그곳 주민들은 안데스 고지대에 사는 사람들과는 정서가 다르다. 그럼에도 키하르카스는 티와나쿠의 문양에서 로고를 만들었다. 티와나쿠인의 후예임을 자랑스러워했던 것이다.

잉카의 모태이든 티와나쿠의 모태이든 티티카카 일대는 가히 비경이라고 할 만하다. 주변에는 세 개의 산맥이 있어서 해발 5000~6000미터에 달하는 설봉들이 서글픈 황토색 황야를 위로한다. 구름도 쉬어갈 수밖에 없는 높이라 새하얀 몽실 구름들이 저마다 천상의 비밀을 몰래 속삭여주는 듯하다. 또한 물속 깊은 곳까지 들여다보일 정도로 맑은 티티카카 호수에 구름이 투영되면 수초와 구름이 한데 어우러져 멋들어진 한 폭의 그림이 된다. 이렇듯 신비함을 자아내는 호수이다보니 차랑고의 기원도 티티카카요, 악마의 춤의 기원도 당연히 티티카카라고 목소리를 높이는 사람들이 있는 것이다. 스페인인들 역시 티티카카의 정기를 받고 싶었을까, 처음에는 티와나쿠 유적지에서 지

척인 라하 마을에 거점을 마련했다. 그러나 대황야의 칼날 같은 추위와 매서운 바람을 견디지 못하고 이내 계곡을 따라 내려가 라파스를 건설했다.

티티카카 호수 일대의 고도가 해발 3800미터를 웃도는 반면 라파스 구 시가지의 고도는 해발 3500미터 남짓이다. 3500미터도 결코 만만한 고도가 아니어서 도시가 성장하면 할수록 부자들은 점점 낮은 곳으로 내려가 그들만의 주택가를 형성했다. 그리고 티티카카 일대는 주로 원주민과 메스티소의 거주지가 되었다. 부자 동네와 티티카카 일대의 차이는 확연하다. 부자 동네가 휘황찬란해서라기보다 그 외의 지역이 너무 못 살아서 그렇다. 티와나쿠 유적지로 가는 동안에 거쳐간 엘알토 시만 해도 그랬다. 엘알토는 라파스의 위성도시로 출발했지만 이제는 적어도 인구만은 라파스보다 훨씬 많다. 라파스가 좁은 계곡에 있다보니 성장에 한계가 있는 반면 엘알토는 푸나에 자리하고 있기 때문에 지방에서 올라오는 이들을 얼마든지 받아들일 만큼 넓기 때문이다. 엘알토는 상가가 즐비하고 정비소나 조그만 공장들도 꽤 많고 무엇보다 사람들로 북적대는 도시였다. 이에 대해 가이드가 자랑스럽게 말했다. 엘알토야말로 새로이 활력을 얻고 있는 젊은 도시라고. 그러나 버스에 타고 있던 대부분의 외국인들은 고개를 갸우뚱하거나 쓴 웃음을 지었다. 외국인의 눈에 비친 엘알토는 거대한 슬럼가일 뿐이기 때문이다.

그제서야 예전에 라파스에 처음 갔을 때가 생각이 났다. 라파스의 첫인상은 길을 찾기가 아주 쉽다는 것이었다. 좁고 긴 계곡에 세운 도시라 위에서 밑으로 뻗어 있는 시내 주요도로 하나만 기억해도 어지간한 곳은 찾아

:: 태초의 신비를 그대로 간직하고 있는 티티카카 호수

갈 수 있었다. 그런데 그 첫인상은 바로 다음날 여지없이 무너졌다. 변두리를 구경한답시고 시내에서 아무 버스나 집어타고 시장에 내려보니 그야말로 미로였던 것이다. 시장 길은 좁은데 장사치와 손님은 넘쳐나 도무지 나가는 길을 가늠할 수 없었고, 악다구니와 악취, 쓰레기로 정신이 다 혼미할 정도였다. 나중에야 알았지만 라파스 일대의 고지대는 전체가 다 빈민가이다시피 했다. 그리고 그 빈민가에 거주하는 사람들 대부분이 원주민이었다. 인종에 따라 사회 계층이 결정되는 것은 물론 주거지 높이까지 결정되는 서글픈 나라가 볼리비아임을 깨닫게 된 순간이었다.

라파스의 야경은 그래서 숙연하게 한다. 다른 곳에서는 보기도 힘든 야경이다. 하늘에 걸린 야경이라고나 할까. 라파스 시내에서 산을 올려다보면 가파른 산비탈마다 온통 불야성이다. 어쩌면 그리도 불빛이 촘촘한지, 코딱지 같은 집들이 다닥다닥 붙어 있기 때문이다. 그곳에 사는 사람들 모두가 마치 힘겨운 삶에 지쳐 하늘로 진군하기를 모의하는가 싶었다. 그렇지만 그들의 꿈은 하늘로 올라가는 것이 아니다. 라파스로 내려와 그들도 인간답게 살 권리가 있다는 것을 소리 높여 외치는 일이다. 더는 하늘 끝에 걸려 살지 않아도 되는 날이 오기를, 라파스 시내로 내려와 인간처럼 살아볼 날이 오기를 얼마나 꿈꾸었을까.

에르네스토 카부르의 연주곡 「바람의 노래」(Canto del viento)와 「푸른 나무」((Leño verde)를 들으면 그런 간절한 염원이 느껴진다. 「바람의 노래」는 조금만 주의를 기울여 들어도 안데스의 바람을 느낄 수 있는 곡이다. 도입부의 한줄기 바람은 너무도 소리가 가냘프기에 또다시 안데스의 유장한 한이 느껴진다. 그러나 그 가냘픔 속에는 언뜻언뜻 삶의 끈을 결코 놓지 않으려는 노력이 느껴진다. 적어도 황야를 정처 없이 스쳐 지나가다 이름 모를 곳에서 소멸되는 바람처럼 덧없지만은 않다. 어쩌면 「푸른 나무」를 듣고 난 후의 느낌에 전염되어 그런 생각이 들었는지도 모르겠다. 카부르의 대표곡이자 그를 좇는 그룹 사비아 안디나가 즐겨 연주한 「푸른 나무」는 '음색'이라는 표현이 단순한 비유가 아니라는 것을 실감하게 해준다. 실제로 강렬한 푸른 소리를 내는 곡이기 때문이다. 그 푸르름은 안데스의 숙명에 굴하지 않으려는 각고의 노력이 빚어낸 것이다.

1952년 볼리비아에서는 민족주의자들이 혁명을 일으켜 집권에 성공했다. 쿠바 혁명보다 7년이나 앞선 사건이었다. 비록 혁명의 대의는 이내 망각되고 그나마 군부의 반발로 미완의 혁명으로 끝났지만 적어도 어느 정도의 변화는 있었다. 가령 아이마라 티티카카 호수 주변에 주로 거주하는 원주민 인들과 케추아인들의 권익을 신장시키기 위한 최소한의 배려를 해주었다. 아이마라어와 케추아어 방송이 전파를 타기 시작한 게 그 사례이다. 원주민어 방송 덕분에 원주민들은 정복 이후 무려 400년 만에 처음으로 자신들의 목소리를 낼 수 있었다. 가장 수혜를 입은 분야가 안데스 음악일 것이다. 안데스 음악 연주자들은 라디오에서 활동할 기회를 얻었고, 그 덕분에 음반을 취입할 수도 있게 되었다. 교육부 주도로 개최한 전통음악 페스티벌도 그들에게 활동공간을 열어주었다.

카부르는 이 변화의 바람을 타고 안데스 음악의 거장으로 성장할 수 있었다. 그는 1965년경 에드가르 '야요' 호프레와 로스 하이라스라는 그룹을 결성했다. 1971년 솔로로 독립하기는 했지만, 그룹으로 활동하는 동안 일대 혁신을 가져왔다. 가령 라파스의 나이라 페냐를 중심으로 안데스 음악 붐을 일으켰고, 차랑고, 기타, 케나, 봄보로 편성된 악단을 구성하여 안데스 표준악단으로 정착시켰다. 더욱이 로스 하이라스는 안데스 정서를 근간으로 도시적 취향과 유럽적 미학을 가미함으로써 보편성을 획득하였다. 볼리비아 음악이 세계로 진출할 길을 연 것이다.

로스 하이라스가 일으킨 바람은 그들보다 연배가 높고 이미 자신의 음악세계를 확고히 다지고 있던 비올레타 파라마저 외면할 수 없었다. 그녀의 마지막 연인이던 질베르 파브르가 케나 연주자로 참여한 그룹이 바로 로스 하이라스였기 때문에 이 그룹과 접촉이 있었고 그래서 가능한 일이기는 했다. 그러나 안데스 음악이 보편성을 획득한 사건은 비올레타 파라 이외에도 많은 이들에게 신선한 충격이었다. 가장 원시적이고, 또 가장 비서구적인 음악으로 여겨지던 음악이었기 때문이다. 그래서 킬라파윤이나 인티 이이마니, 야푸 등등 칠레에서 전통음악과 도시음악을 접목시키려는 시도를 한 그룹들이 음악적 영감을 안데스에서 구하는 일까지 생겨났다. 이들 그룹들은 안데스 악기에 경도되어 있었다는 공통점도 지니고 있다. 인티 이이마니의 경우 그룹의 이름에서부터 그런 경향이 드러난다. '인티'는 케추아어로 '태양'을 의미하고, 아이마라어인 '이이마니'는 라파스 인근에서 가장 높은 봉우리의 이름이니 말이다.

1920년대 페루 인디헤니스모(일종의 토착주의)의 주역이었던 루이스 E. 발카르셀은 『안데스의 폭풍우』에서 안데스에서 원주민들이 일으킨 폭풍이 해안으로 내려와 페루를 부흥시킬 거라고 예언했다. 오늘날까지도 그 예언이 맞아떨어지는 징후는 없다. 여전히 원주민들은 고달픈 삶에서 벗어나기 힘든 형편이다. 그러나 인디헤니스모의 성과가 전혀 없었다고는 말할 수 없다. 적어도 원주민 문제의 해결이 국가적으로 중요한 과제라는 인식을 심어주었기 때문이다. 1920년대에 페루에서 있었던 일이 볼리비아에서는 1950년대에야 시작되었고, 볼리비아에서도 고대하던 폭풍우가 몰아치지는 않았다. 그러나 적어도 카부르와 로스 하이라스는 안데스에서만 맴돌던 바람, 오랜 세월 쌓이고 쌓인 한을 담은 바로 그 바람을 라파스 계곡으로 몰고 내려왔다. 그리고 카부르 음악이 유럽에 소개되어 그 바람이 바다를 건넜을 때 세계는 비로소 안데스 문화의 풍요로움을 이해하고 안데스 원주민의 한을 가늠할 수 있었다.

07 안데스 맹인악사의 하프

안데스 여행길에서 쿠스코만은 반드시 들러야 했다. 쿠스코가 잉카제국의 옛 수도라서가 아니다. 그랬다. 예전에 두 번이나 가보았기에 시내와 근교의 웬만한 유적지도 이미 섭렵했고, 부에노스아이레스에서 라파스까지 2000킬로미터 이상의 힘겹고 빡빡한 일정의 육로여행을 마친 뒤인지라 단지 관광을 위해 굳이 쿠스코를 찾을 여력은 없었다. 그러나 내게는 그 땅과의 내밀한 약속이 있었다. 돌멩이 하나하나마다 패망의 한을 숨죽여 통곡하는 그 서글픈 도시와…….

쿠스코의 서글픈 내력에 대해서는 안다면 제법 많이 알고 있었다. 특히 삭사이와망에 얽힌 원혼들 이야기는 두고두고 뇌리에 남아 있다. 삭사이와망은 잉카인들이 바로 그 유명한 태양의 제전 인티 라이미를 거행하던 곳이다. 스페인 정복 후 폐허가 되어 오랫동안 방치되었지만 삭사이와망 유적지는 여전히 커다란 성곽을 방불케 한다. 넓은 벌판 위에 커다란 바위들이 360미터에 걸쳐 도열해 있기 때문이다. 집채만 한 바윗덩어리가 있는가 하면 모양도 가지가지이다. 하지만 잉카인들은 그들 특유의 건축술로 거대한 바위들을 바늘 하나 들어갈 틈 없이 촘촘히 짜맞춰 쌓아놓았다. 15세기 중반 잉카의 세력을 크게 떨친 제9대 파차쿠티 황제 때부터 건설하기 시작해 약 50년 만에 완성했다고 한다. 하늘에서 내려다본 쿠스코는 퓨마 모양인데 삭사이와망은 퓨마의 머리와 치아에 해당한다. 잉카의 기원이 된 티티카카 호수도 공중촬영 결과 퓨마 모양이어서 몇 년 전에 화제가 되었는데 과연 잉카인들은 그 사실을

:: 잉카인들이 태양의 제전을 거행했던 삭사이와망

알고 있었을까? 그 사실을 알고 있었기에 쿠스코도 퓨마 모양으로 건설한 것일까? 티티카카 호수와의 연관성이야 밝혀지기 힘든 일이리라. 하지만 퓨마야말로 라틴아메리카에서는 백수의 왕이니, 잉카 황제의 권위를 내세우기 위해 도읍지를 퓨마 모양으로 건설한 건 틀림없는 사실이다.

삭사이와망에서 쿠스코 시내까지는 지척이다. 천천히 걸어 내려가도 20분이면 시 외곽에 다다른다. 또한 삭사이와망의 제단 터에서는 시가지가 훤히 내려다보인다. 시가지가 훤히 내려다보이는 넓은 벌판이라는 점 때문에 삭사이와망에는 수많은 원혼들이 맴돌게 되었다. 프란시스코 피사로가 페루를 정복하기 위해 군대를 이끌고 왔을 때 잉카는 왕위계승전쟁이 한참이었다. 에콰도르의 키토에서 즉위한 아타왈파와 쿠스코에서 즉위한 와스카르 사이의 전쟁이었다. 스페인인들은 1533년에는 아타왈파를, 1534년에는 와스카르를 차례로 죽인다. 대신 쿠스코에 있던 망코 카팍을 꼭두각시 황제로 내세웠다. 그러나 망코 카팍에게는 잉카 제일의 정복군주였던 아버

:: 삭사이와망에서 내려다본 쿠스코

지 와이나 카팍의 피가 흐르고 있었다. 그는 안데스 깊숙이 도주하여 잉카 부흥운동을 일으킨다. 그리고 망코 카팍 휘하의 군대가 쿠스코 탈환 작전의 일환으로 1536년 전격적으로 삭사이와망을 취했다. 쿠스코가 내려다보이는 삭사이와망을 잉카인들에게 내주었으니 스페인인들은 크게 위협을 느낄 수밖에 없었다. 그 뒤로 17일 동안 피비린내나는 전투가 벌어졌다. 전세는 점점 잉카인들에게 불리해져갔다. 마지막 전투가 끝난 그날까지 2만 명을 헤아리는 잉카인들의 피가 벌판을 적셨다. 제국의 옛 수도가 빤히 내려다보이는데 쓰러져간 용사들의 원통함이 오죽했으랴! 잉카군의 대장 중 하나인 카위데의 죽음에 관한 이야기가 그 심정을 대변하는 듯하다. 전설에 따르면 카위데는 17일 동안 병사들을 독려하며 전투를 진두지휘했다고 한다. 그리고 전세가 돌이킬 수 없을 만큼 기울었을 때, 높다란 탑에서 몸을 던졌다. 한 마리 고독한 콘도르가 되어서라도 기어코 500년 도읍지에 다시 되돌아가고 싶었음이라!

그러나 내 발길을 쿠스코로 끌어들인 것은 그렇게 거창한 전설이 아니었다. 날마다 정오가 되면 안데스 하프라는 거대한 악기를 끌고 내려와 잉카 성벽 아래서 연주하는 맹인악사가 있다는 구절을 책에서 읽은 후부터 쿠스코행을 모색하게 되었던 것이다. 그 구절은 내내 머릿속을 맴돌았다. 안데스 맹인 악사와 하프! 그것은 분명 기묘한 만남이다. 거리에서 구걸로 하루하루를 연명하는 맹인이 그리스 신화에 자주 등장하는 '고상한' 악기를 선택했으니 말이다.

하지만 안데스 하프의 사진을 본 순간 그리스 신화 속의 하프와는 전혀 딴판이라는 것을 깨달았다. 유럽 하프와는 우선 크기 자체가 다르다.

:: 볼리비아 치키토스 지방에서 식민 시대에 사용했던 하프

공명통이 최소한 1미터 이상이고 심지어 사람 키보다 큰 것도 있다. 로마가 불타는 것을 보고 영감이 떠올라 하프를 덥석 집어 들고 급히 마케나 탑에 올라 시를 읊었다는 네로 황제의 일화를 떠올린다면 오산이다. 그리스 신화에서는 오르페우스가 아내 에우리디케를 잃고 슬픔에 겨워 하프를 타고, 그 연주 소리가 제우스의 심금을 울려 하프를 별자리로(거문고자리) 만들어주었다고 한다. 그러나 거대한 안데스 하프의 음색은 그 황홀하기까지 한 애절함과는 거리가 멀다. 5옥타브에 달하는 소리를 낼 수 있고, 특히 건기에는 소리가 계곡에 메아리칠 정도로 멀리, 지속적으로 맑게 울려퍼진다고는 하지만 안데스 하프는 기본적으로 저음을 내기 위해 사용되었다. 그리스 신화에서처럼 애절한 사랑을 연상시키는 악기 이미지와는 어울리지 않는 것이다. 안데스 하프는 크기도 유럽 하프와 차이가 난다. 안데스 하프는 보통 성인키만 하기 때문이다.

일설에 따르면 하프가 처음 라틴아메리카에 도입되었을 때는 여인의 몸매를 연상시키는 맵시 있는 모습에 일부 원주민 상류층이 혹해서 쉽게 전파되었다고 한다. 얼마나 신빙성 있는 설인지는 모르지만 하프가 남미에서 비교적 일찍 받아들여진 것만은 사실이다. 스페인인들이 안데스 하프를 주로 미사에 사용한 탓이다. 아마도 고음을 주로 내는 안데스 전통악기가 엄숙한 미사음악과는 잘 어울리지 않으리라고 판단했을 것이고, 그래서 하프를 개조하여 장중한 저음을 낼 수 있는 안데스 하프를 만들기 시작했을 것이다. 안데스 하프와 미사의 관련성은 이 악기가 가톨릭 포교의 필요성이 높았던 쿠스코 같은 인디오 밀집 지역이나 안데스 동쪽 사면의 볼리비아 저지대에서 파라과이에 이르기까지 번영을 누렸던, 예수회 선교사들의 원시 신앙공동체 레둑시온을 중심으로 많이 사용되었다는 점에서 잘 드러난다.

　　　　안데스 하프가 비록 그리스 신화 속의 고상함이나 애잔함과 거리가 멀고 이미 안데스 지역에 토착화된 악기였지만 맹인악사와 안데스 하프의 만남을 선뜻 수긍할 수는 없었다. 그 만남은 오히려 역사적 아이러니처럼 느껴졌다. 그 만남이 이루어진 곳이 잉카의 돌 앞이라는 점 때문이다. 쿠스코의 잉카 성벽이나 담벼락은 거의 모두 스페인식 건물을 이고 있다. 지진이 잦은 지역이라 정복자들이 잉카인들이 남긴 튼튼한 성벽과 담벼락을 이용해 그 위에 건물을 지었기 때문이다. 식민지배의 상징인 스페인식 건물을 떠받들고 있는 잉카 성벽 앞에서 잉카의 후예가 스페인에서 전래된 악기를 들고 연주를 하고 있으니 어찌 역사적 아이러니가 아니겠는가!

　　　　그 참담한 아이러니는 쿠스코에서는 일상화된 현실이다. 가령 잉카 최고의 성소인 코리칸차 역시 산토 도밍고 성당을 머리에 이고 있다. 코리칸차는 태양의 신을 모시던 곳이었다. '잉카'라는 말 자체가 태양신의 아들을 지칭하는 데서 짐작할 수 있듯이 잉카인들은 태양을 숭배했다. 그래서 해마다 6월 21일에는 '태양의 제전'이라는 뜻의 인티 라이미 의식을 성대하게 치렀다. 이는 12월의 성인식과 더불어 잉카의 가장 중요한 제전이었다. 6월 21일에 인티 라이미를 거행한 이유는 이날이 동지이기 때문이다. 태양이 쇠하는 날 태양의 원기를 북돋아주는, 농업사회다운 제천의식이었던 것이다. 이 의식은 날짜만 6월 24일로 바뀌었을 뿐 1944년 부활하여 오늘에 이르고 있다.

인티 라이미가 시작되는 곳이 바로 코리칸차이다. 황제와 사제, 그리고 군인 복장을 한 화려한 행렬이 코리칸차를 출발하여 시내를 거쳐 삭사이와망으로 오른다. 삭사이와망의 제단 터에서 인티 라이미를 주관하는 황제는 태양을 향해 절하고 금팔찌를 바친다. 그리고 치차(옥수수로 만든 전통주)를 마시고 남은 술을 제단 중앙의 커다란 돌에 붓는다. 행사의 절정은 희생물을 태양신에게 바치는 순서이다. 잉카 시대에는 각지에서 엄선해 바친 야마(낙타과 동물) 중에서 가장 건실한 놈을 희생물로 골라 배를 가르고 심장을 꺼내 그해의 농사를 점쳤다고 한다. 하지만 정작 그 장엄하고 중요한 행사가 시작되는 코리칸차에서 잉카의 태양신은 참담하게도 아직도 스페인인들의 성당에 짓눌

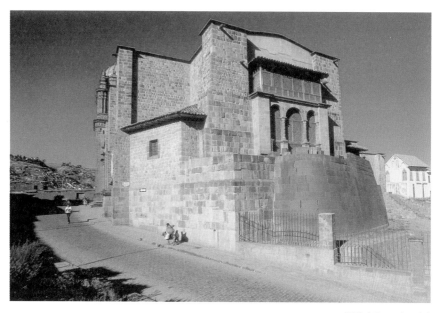

:: 코리칸차와 산토 도밍고 성당

려 지하에서 신음하고 있다. 원주민 출신인 알레한드로 톨레도가 대통령이 되었지만 여전히 코리칸차 복원 소식은 들리지 않는다. 비록 코리칸차가 유네스코가 지정한 세계문화유산이요 페루가 전 세계에 자랑할 만한 문화재라 해도, 산토 도밍고 성당 역시 유네스코 지정 세계문화유산이고 그 소유권도 페루 정부가 아닌 도미니크 교단에 있기 때문에 코리칸차를 복원하지 못한다고들 한다. 과연 그럴까? 코리칸차가 아직도 페루 상류층의 대다수를 점하고 있는 백인들의 위대한 유산이어도 태양신이 여전히 지하에서 신음하고 있을까?

안데스 맹인악사의 모습이 머리에 맴돌고 있었던 것은 바로 그때문이었다. 그가 짊어지고 있을 거대한 하프, 고작 몇 푼을 얻고자 거리로 나선 그의 고단한 삶, 500년 동안 정기를 빼앗겨 이제는 잉카 후예의 고단함마저 어루만져주지 못하는 잉카의 돌, 바로 그 모습이야말로 정복 이후 라틴아메리카 원주민의 삶의 표상이 아니고 무엇이겠는가? 공항에서 내리자마자 당연히 그 맹인악사에 대해 수소문하기 시작했다. 공항 직원에게, 호객꾼에게, 택시 운전

:: 로레토 거리의 앞 못 보는 악사

사에게, 묻고 또 물었다. 예전에 비해 몰라볼 정도로 말끔해진 공항 청사도, 옛날과 달리 최악의 곤궁함에서는 벗어난 듯한 풍경도, 체류하는 동안의 여정을 구상하는 일도 다 뒷전일 수밖에 없었다. 맹인악사의 모습을 반드시 이내 두 눈으로 보고, 까닭 모를 슬픔이 밀려드는 가슴에 담고, 비로소 원주민의 한을 이해하기 시작한 머리에 새기고 싶었던 것이다.

　　뜻밖에 쉽게 그가 있는 곳을 알아냈다. 언젠가 그를 본 적 있다는 사람이 말해주었다. 쿠스코 중앙 광장과 연결된 로레토 거리에 있다고, 아주 오래전부터 그곳에서 안데스 하프를 탔다고……. 한달음에 달려갔다. 스페인식 건물이 죽 늘어선 작은 골목길이었다. 약간의 초조함과 설렘이 교차했다. 아직 인적이 뜸했다. 스페인식 건물을 이고 있는 잉카의 돌들은 물론 깊고 깊은 침묵을 지키고 있었다. 그 깊은 침묵 때문에 골목으로 들어서는 발걸음이 절로 무디어졌다. 안데스 하프는 어디에도 보이지 않았다. 구걸하는 이들에게 그에 대해서 물었다. 그리고 대답을 들은 나는 잉카의 돌처럼 깊은 침묵에 빠져들었다. 그는 얼마전에 사망했다는 것이었다. 한 사람은 그가 6개월 전에 죽었다고 했고, 또 한 사람은 1년 반쯤 되었다고 우겼다. 그들의 서로 다른 기억이 내게 헛된 희망을 주었다. 로레토 거리를 나와 쿠스코 시내를 헤맸다. 관광안내소로, 악기 만드는 공방으로, 치체리아라 불리는 선술집으로 오가며 맹인악사에 대해 수소문했다. 하지만 죽은 이가 다시 살아 돌아올 리 만무했다.

　　다시 로레토 거리로 가보았다. 차랑고와 비슷한 악기를 든 맹인악사 한 사람이 안데스 하프를 대신하고 있었다. 그 악기는 깊은 침묵에 잠겨

:: 아르게다스의 대표작 『깊은 강』

있는 잉카의 돌 앞에서 생기를 잃고 있었다. 잉카의 돌을 보고 절규하던 에르네스토가 떠올랐다. 가장 라틴아메리카적이고 가장 안데스적이고 가장 페루적이라는 평가를 받은 호세 마리아 아르게다스의 『깊은 강』의 주인공이다. 오래전, 석사논문을 써야만 한다는 중압감 속에 읽고 또 읽었던 소설이다.

1958년 출간된 『깊은 강』의 첫장에서 소년 에르네스토는 아버지와 함께 좁고 어두운 쿠스코 골목길을 걷다가 하단부만 남은 잉카 로카 황제의 담벼락 돌을 어루만진다. 담벼락의 구불텅한 윤곽선이 넘실거리는 강물을 연상시킨다. 그리고 에르네스토는 케추아 노래에 있는 '야와르 마유'(피의 강), '야와르 우누'(핏빛 물), '푹티야와르 코차'(끓어오르는 피의 호수), '야와르 웨케'(피눈물) 등의 구절을 떠올린다. '야와르 마유' 즉 '피의 강'은 작열하는 여름 햇빛에 반짝거리며 안데스 계곡을 휩쓸고 가는 강을 가리킨다. 여름철에 물이 불어나면서 탁한 급류가 형성되고 그 강물이 작열하는 햇빛에 반사되어 꿈틀대는 듯한 모양을 피가 끓어오르는 듯한 강이라고 비유한 것이다. 에르네스토는 골목길에 있는 잉카의 돌 앞에서 '푹티야와르 루미'(끓어오르는 핏빛 돌)라고 크게 외친다. 단순히 구불텅한 돌의 윤곽선에서 넘실거리는 강물이 연상되었기 때문이 아니다. 갑자기 잉카의 돌이 생명을 얻어 꿈틀거리고 끓어오르는 느낌을 받았기 때문이다. 에르네스토는 아버지에게 돌이

:: 가장 안데스적이고 페루적인 작가 호세 마리아 아르게다스

말을 건네고 걷고 요동치고 있다고 말한다. 아버지는 아들이 환각에 빠져 있다고 생각한다. 에르네스토는 이어 잉카의 돌 위에 있는 저택들에는 누가 살고 있는지 묻는다. 아버지가 쿠스코의 유지들이 살고 있다고 대답하자 되묻는다. 잉카(Inca)가 그걸 허락하느냐고. 아버지는 '잉카 황제들'(incas)은 이미 죽고 없다고 대답한다. 그러자 에르네스토가 잉카의 돌이 그 위에 살고 있는 구두쇠 유지들을 삼켜버릴 것이라고 절규한다. 아버지는 복수형으로 또 소문자로 'incas'라고 잉카 황제들을 지칭하는 반면, 아들은 대문자로 'Inca'라고 지칭하였다. 아버지에게는 잉카 황제들이 별다른 의미가 없는 데 반해, 아들은 잉카 황제를 유일신처럼 받들고 있는 것이다. 원주민 구전문학이라면 모를까, 페루 제도권 문학에서 잉카의 돌이 되살아나기를 이처럼 간절히 표현한 예는 일찍이 없었다.

안데스 맹인악사의 하프 연주를 듣지 못한 허탈함이 왜 없었으랴. 그러나 잉카인들의 담벼락을 무심히 지나치고, 수없이 읽은 소설의 첫장에 담긴 심오한 의미조차 깨닫지 못했던 눈뜬 봉사가 마침내 잉카의 돌을 마음으로 느끼게 되었으니 그것만으로도 커다란 수확이었다. 잉카의 돌이 생명을 얻기를 기원하는 에르네스토의 마음이 얼마나 간절한 것인지 비로소 알 수 있었고, 『깊은 강』의 그 장면이 가히 안데스 문학의 백미라는 것도 깨닫게 되었다. 그리고 아르게다스를 다시 생각해보게 되었다. 인디오와 그 문화에 대한 아르게다스의 애착은 각별했다. 계모가 심술을 부리는 통에 계모 소유의 농장 인디오들이 그를 키웠기 때문이다. 그래서 그는 인종적으로는 거의 백인이면서도 원주민의 감성을 지니고 성장했다. 또한 스페인어보다 케추아어를 먼저 배웠다. 소년기에는 떠돌이 변호사인 아버지를 따라 안데스를 돌아다니면서 각 지방의 문화를 몸으로 느낄 수 있었다. 더구나 아르게다스는 인디오 문화가 결코 소멸하지 않으리라는 것을 입증하기 위해 평생을 바친 인류학 교수이기도 했다. 그 누구보다도 안데스에 정통한 사람이 아르게다스였기에 나는 그에 대한 논문을 쓰게 되었다. 그런데 그 논문이 그저 수박 겉핥기였다는 사실을 실로 오랜 세월이 지난 후에야 깨달은 것이다.

　　　　논문을 다 써가던 무렵 지도교수 루이스 알베르토 라토 선생에게 아르게다스 이야기를 듣고 생각한 것이 떠올라 새삼 얼굴이 화끈거렸다. 아르게다스가 『모든 피』(1964)라는 작품을 썼을 때의 일이다. 어느 휴일 이른 시각에 아르게다스가 예고도 없이, 당시 같은 대학에 근무하던 나의 지도교수 집으로 찾아왔다. 그리고 렌돈 윌카가 죽었다고 서럽게 눈물을 흘렸다. 렌돈 윌카는 『모든 피』의 주인공으로 원주민의 권리를 수호하는 인물이다. 이 소설은 적어도 분량이나 스케일 면에서는 아르게다스 최고의 야심작이다. 그리고 그 어느 작품을 쓸 때보다도 원주민들의 부흥에 대한 확신을 내비친 작품이기도 하다. 그런데 아르게다스는 작품 구성상 렌돈 윌카를 순교자로 만들 필요가 있었던지 그가 총살되는 것으로 설정했다. 하지만 정작 그가 죽는 대목을 쓰고 나서 슬픔을 주체하지 못해 동료에게 뛰어와 '어처구니없는' 장면을 연출한 것이다. 그 이야기를 듣고 나는 인디오에 대한 아르게다스의 각별한 애정보다는 그의 정신병 경력에 생각이 미쳤다. 정신병의 진짜 원인이 무엇인지는 소상히 밝혀진 바 없다. 하지만 흔히들 섬세하고 감성적인 성격의 소유자였던 아르게다스가 두 세계, 즉 백인 세계와 인디오 세계의 갈등을 견디지 못해 병에 걸렸다고들 한다.

어쨌든 결국 1969년 자살하고 만 아르게다스이니, 1965~66년에 정신병이 재발했다는 세간의 기록과는 달리, 『모든 피』를 쓸 때부터 벌써 심각한 정신적 위기를 겪고 있었던 건 아닐까 하고 생각했던 것이다. 하지만 『깊은 강』은 그가 가장 정신적으로 평온한 무렵의 작품이고, 에르네스토는 아르게다스 자신이 아버지를 따라 안데스를 떠돌던 시절의 자화상이었다. 즉 가장 건강하던 시절에도 잉카의 돌이 되살아나리라고 절규하는 에르네스토에게 자기 자신을 투영할 줄 알았다면, 렌돈 윌카의 죽음을 집필하고 한없이 슬퍼하는 모습에서 정신병 경력을 떠올린 것은 오히려 나의 억측에 가깝다. 아니 장례식에 인디오가 케나나 차랑고를 연주해주기를 바란다는 유언을 남긴 아르게다스에 대한 모독이라고도 할 수 있다.

콘도르의 비상

　　세월의 흐름은 예외 없이 쿠스코에도 변화를 가져왔다. PC방이 여기저기 들어서 있는가 하면 한국기업의 로고도 심심찮게 발견할 수 있었다. 중앙 광장은 풍경마저 변해버렸다. 광장의 나무나 화단도 비교적 깔끔했고, 경찰의 단속으로 구걸하는 원주민들이 눈에 띄게 줄어 광장 전체가 예전보다 쾌적해 보였다. 페냐가 많이 사라졌다는 점도 풍경의 변화에 일조했다. 안데스의 민속음악을 가장 손쉽게 들을 수 있었던 페냐 대신 고급 레스토랑이나 카페가 많이 생겼다. 규모가 크고 고급스러워 보이는 페냐 한 군데에 들어가 보았다. 깨끗하면서도 화려한 내부장식은 예전에 쿠스코를 여행했을 때는 분명 보기 힘든 것이었다. 어쩐지 음악마저 우아해 보이는 업소였는데, 세련된 분위기를 유지하기 위해 음악마저 국제화시켜버린 탓이다. 하긴 쿠스코 인근의 잉카 관런 관광지인 '성스러운 계곡' 일대에서도 심심찮게 다른 나라 음악을 들을 수 있었다. 실비오 로드리게스의 서정적인 노래들이 흘러나오는가 하면 피아니스트 라울 디 블라시오의 라틴아메리카 명곡 컬렉션도 성스러운 계곡을 세속화시켰다. 내가 들어간 페냐의 악사들은 한술 더 떠서 클래식이나 외국 영화음악, 비틀스를 비롯한 팝송까지 안데스 악기로 연주했다. 서양 관광객들은 친숙한 곡에 색다른 음색을 부여한 악사들에게 아낌없는 박수를 보내주었다. 색다른 퓨전에 참신함을 느낀 건 나도 마찬가지였지만, 마음 한 구석으로는 마치 쿠스코가 명실상부한 국제적인 관광도시가 되고자 안데스 전통음악을 일부러 억누르는 듯한 느낌을 못내 지울 수 없었다.

　　　　세월의 흐름이 야기한 음악적인 변화를 반드시 부정적으로 볼 것은 아니지만 분명 아쉬운 점도 많다. 예를 들자면 쿠스코 일대에서는 현재 안데스 하프가 사라져가고 있다고 한다. 그것은 무엇보다도 악기의 크기 때문이다. 20세기에 접어들어 저음을 낼 수 있는 악기들이 새롭게 안데스에 전래되면

:: 페냐의 공연 장면. 이렇게 민속춤을 추다가도 탈을 벗고 비틀스를 연주하기도 한다.

서 제작, 운반, 보관이 쉽지 않은 안데스 하프는 매력을 잃었다. 물론 안데스 하프의 독특함이 호기심을 자극해 연주자 중에는 해외공연을 떠나고, 음반을 내고, 라디오에 출연할 기회를 잡은 사람들도 있다. 그러나 쿠스코 시내에서는 이미 연주를 듣거나 악기를 구경하기가 쉽지 않다고 한다. 악기 공방 주인이 자신도 안데스 하프를 하나 제작중이기는 하지만 쿠스코 주변 농촌에 내다팔 것이라 변두리에 있는 자기 집에서 작업을 한다고 했다. 그러니 안데스 하프 연주를 들으려면 시골 마을 축제에 맞춰서 가지 않으면 힘들 것이라는 얘기였다. 전통음악과 춤 보존을 목적으로 설립된 쿠스코 토착예술센터의 연주자석에서조차 안데스 하프 연주자의 자리는 비어 있었다. 연주자가 늙고 병들어 나오지 못한 지 꽤 오래되었는데 마땅히 대체할 만한 사람을 구하지 못하고 있다는 것이다.

그래도 쿠스코는 역시 저력이 있었다. 공방에서는 뜻밖에도 제법 큰 아르마디요 등껍질을 볼 수 있었다. 아직도 가끔씩은 아르마디요로 차랑고를 만들기는 하는 모양이었다. 쿠스코 토착예술센터 공연에서도 안데스 음악 전통의 깊이를 마음껏 맛볼 수 있었다. 사실 공연이 시작될 때까지만 해도 별로 큰 기대를 하지 않았다. 관광 시즌이 아니라고는 하지만 관객이 너무 없어서 과연 이 기관이 제대로 된 단체인가 싶었던 것이다. 그러나 무대를 보니 그다지 화려하지는 않지만 꽤 신경을 쓴 흔적이 있었다. 쿠스코의 모습인 듯한 무대 배경 그림도 산뜻했고, 악사들의 자리에도 신경을 써서 마치 오페라 공연 때처럼 무대 아래에 배치했다. 나중에 알게 된 일이지만 쿠스코 토착예술센터는 아주 역사가 오랜 기관이었다. 이곳은 인디헤니스모 운동이 한껏 고조되었던 1924년 쿠스코의 예술인과 지식인들이 만들었다. 국내외 경연대회에 꾸준히 참가하는 것은 물론 지속적으로 음반을 발매하고 있다. 특기할 만한 점은 무려 50가지 종류의 춤을 무대에 올리고 있다는 점이다.

공연은 처음부터 흥미진진했다. 문제는 관객이 별로 없다는 점이 아니라 내가 그들의 춤에 대해서 잘 알지 못한다는 점이었다. 추수나 전쟁에 관련된 군무는 안무를 보고 쉽게 내용을 파악할 수 있었지만, 어느 지방의 춤인지 춤의 이름은 무엇인지 전혀 알 수 없었다. 쿠스코 일대만 해도 마을마다 전통 춤이 다 다르다. 인종 구성에 따라, 주요 생업이 무엇인지에 따라, 어느 지방과 많이 교류하는가에 따라 다 춤이 달라지는 것이다. 가장 인상적인 춤은 바라욕이 등장한 춤이었다. 바라욕은 지팡이를 든 사람 혹은 지팡이를 소유한 사람이라는 뜻이다. 지팡이는 안데스에서 권위의 상징으로 촌장을 바라욕이라 불렀다. 식민시대 건물과 종탑을 배경으로 무엇인가를 기원하듯 지그시 눈을 감고 여인들을 거느린 그의 모습에서 위엄이 배어나왔다. 어쩐지 일개 촌장을 형상화한 것 같지는 않았다. 잉카 황제를 상징적으로 나타낸 것이 아닌가 싶었다.

무대 위의 춤꾼들과 무대 아래의 악사들은 아주 대조적이었다. 춤꾼들은 화장을 한 데다 색채가 화려하고 의상이 깨끗해 깔끔한 모습인 반면 악사들은 하나같이 추레한 모습이었다. 또한 춤꾼들은 신명나게 춤을 추는데 악사들은 생기가 없었다. 심지어 몇몇 나이 많은 악사들은 공연 중에 졸기까지 하니 기가 막힐 뿐이었다. 그런데 조는 악사들이 너무 한심해서 흘낏흘낏 보다

:: 위_ 쿠스코 토착예술센터 공연
:: 가운데_ 안데스에서 권위의 상징으로
  통하는 지팡이를 들고 있는 남자 춤꾼
:: 아래_ 쿠스코 토착예술센터의 악사들

가 아주 희한한 사실을 발견했다. 졸고 있다가도 자신이 맡은 악기가 필요한 대목에서는 귀신같이 눈을 번쩍 뜨는 것이었다. 그리고 너무도 천연덕스럽게 연주에 참여하고, 아무 손색없이 화음을 일구어냈다. 적어도 나이 많은 악사들은 평생을 연주해오지 않았나 싶을 정도로 자신이 어느 부분에서 무슨 음을 내야 하는지 훤해보였다. 아마도 그들 대부분이 낮에는 다른 일을 하는 것 같았다. 그렇지 않다면야 그렇게 피곤해하고 졸기까지 할 리야 있겠는가. 어렵사리 생계를 꾸려가며 민속음악에 종사한다는 것은 쉽지 않으리라.

　　　　바로 그 악사들이 내게 오래도록 잊지 못할 추억거리를 남겨주었다. 춤 공연이 끝나고 그들만의 연주가 시작되어 너무나도 친숙한 「철새는 지나가고」(El cóndor pasa)가 흘러나왔을 때였다. 이 곡은 앞부분에서는 처연한 느낌을 주다가 중간쯤부터 돌변하여 흥겹게 전개된다. 원 제목이 '철새는 지나가고'가 아니고 '콘도르는 지나가고'인 이 곡의 생명은 내 생각에는 전반부에 있다. 콘도르가 고독하게 홀로 비상하는 이미지를 자아낼 수 있는가가 관건인 것이다. 날개를 위풍당당하게 활짝 펴고 누구보다도 높이 날아올라 장엄한 안데스를 도도하게 굽어보는 콘도르를 떠올리게 해주면 대단히 훌륭한 연주이다. 그러나 더 말할 나위 없이 뛰어난 연주가 되기 위해서는 안데스 계곡을 휘도는 바람과 창공의 세찬 기류와 콘도르의 날개를 스치는 바람을 유장하고 섬세하게 그려 보여야 한다. 적어도 쿠스코 토착예술센터의 연주는 평소의 그런 지론을 상당히 충족시켜주었다. 연주 솜씨들이 좋아서이기도 하지만 17명이나 되는 악단이 케나, 차랑고, 바이올린, 봄보, 만돌리나, 바이올린, 기타, 베이스기

:: 장엄하게 비상하는 안데스의 콘도르. 과연 인디오 혁명가 투팍 아마루의 현신일까?

타, 오르간 등의 악기로 섬세한 장식음까지 표현하는 것이 가능했기 때문이다. 특히 베이스 기타까지 동원된 「철새는 지나가고」는 처음 들어보았는데 그 소리가 장엄한 안데스와 도도한 콘도르를 연상시키는 데 크게 기여했다.

　　「철새는 지나가고」는 18세기에 생겨나 구전되어왔다고 한다. 페루뿐만 아니라 볼리비아에서도 들을 수 있었다니 인디오들이 상당히 애호하던 곡임에 틀림없다. 다니엘 알로미아스 로블레스라는 민속음악가가 1916년 이 곡을 처음 채집하였고, 1970년대 사이먼과 가펑클을 통해 전 세계에 퍼졌다. 이 곡이 18세기에 만들어졌다는 주장은 투팍 아마루의 봉기와 결부되어 전해져온 이야기이다.

　　1780년 투팍 아마루가 일으킨 민란은 식민시대 남미 최대 규모였다. 그것은 리마를 주요 거점으로 한 스페인의 남미 경영을 뿌리에서부터 뒤흔들었다. 식민시대 다른 민란의 주동자들은 주로 토착종교 문제, 민생경제, 관료의 폭정 등을 거론했다. 그러나 투팍 아마루는 아예 원주민 국가 건설을 궁극적인 목적으로 삼았다. 이후 백인 크리오요들이 주도한 독립전쟁과도 성격이 판이하게 다른 가히 혁명적인 사건이었던 것이다. 투팍 아마루는 원주민 국가 건설의 당위성을 입증하기 위해 아예 잉카 황제의 후손임을 자처했다. 그러나 결국 진압되었고 투팍 아마루는 쿠스코 광장으로 끌려왔다. 형 집행관은 투팍 아마루의 사지를 찢어버리라고 명령했다. 그의 두 팔과 두 다리는 네 마리 말에 각각 묶였다. 이윽고 네 마리 말이 사방으로 움직이면서 그의 몸은 공중에 떠서 파르르 떨렸다. 안데스 음악에 대해 서술한 『월드 뮤직』이라는 책에서도 소개된 바 있지만, 「철새는 지나가고」의 콘도르는 공중에 떠서 몸이 파르르 떨리는 투팍 아마루를 날개를 펼친 콘도르에 비유한 것이라는 이야기가 전해지고 있다. 안데스의 수많은 구전 이야기들이 그렇듯이 과연 투팍 아마루 때문에 이 곡이 생겨났는지는 단정하기 힘들다. 그러나 분명한 것은, 투팍 아마루의 원대한 포부를 아는 인디오라면 그가 다시 한번 「철새는 지나가고」의 콘도르처럼 비상하기를 간구하였으리라는 점이다.

3부

생에 감사해

생에 감사해, 내게 너무 많은 걸 주었어.
샛별 같은 눈동자를 주어
흑백을 온전히 구분하고,
창공을 수놓은 별을 보고,
무수한 사람들 틈에서 내 님을 찾을 수 있네.

생에 감사해, 내게 너무 많은 걸 주었어.
청각을 주어 밤낮으로 귀 기울여
귀뚜라미, 카나리아, 망치 소리, 물레방아, 소나기,
개 짖는 소리, 그리고 사무치게 사랑하는 임의
한없이 부드러운 목소리를 새기네.

생에 감사해, 내게 너무 많은 걸 주었어.
소리와 문자를 주어
'어머니, 친구, 형제자매,
애모하는 영혼의 편력, 길을 비추는 빛' 같은
말들을 떠올리고 표현할 수 있네.

생에 감사해, 내게 너무 많은 것을 주었어.
내 지친 발을 이끌어주어
도시와 시골길,
해변과 사막, 산맥과 평원,
그대 집과 거리와 정원을 순례하였네.

생에 감사해, 내게 너무 많은 것을 주었어.
인류의 지성이 낳은 창조물을 볼 때,
악이라고는 모를 것 같은 선인을 볼 때,
그대 맑은 눈을 깊숙이 들여다볼 때마다
요동치는 심장을 주었네.

생에 감사해, 내게 너무 많은 것을 주었어.
웃음을 주고 울음도 주니
내 노래와 당신들의 노래 재료인
즐거움과 고통을 구분할 수 있네.
당신들의 노래는 바로 나의 노래이고
모든 이의 노래가 바로 나의 노래라네.

생에 감사해, 내게 너무 많은 걸 주었어.

「생에 감사해」
작사·작곡 비올레타 파라

01 순교자들의 광장

이른 아침 산티아고에 도착했다. 깨끗하고 아담한 공항 밖에는 눈부시게 빛나는 푸른 하늘이 싱그러운 여름을 약속하고 있었다. 잠시 어디로 가야 할지 주저했다. 숙소를 정하지 못해서가 아니라 주마등처럼 머리를 스치는 산티아고의 거리거리가 희미한 추억의 손길을 내밀었기 때문이다. 마침내 갈 곳을 정하고 택시에 몸을 실었다. 시간도 이른 데다 주말 아침이라 산티아고는 아직 잠에서 깨어나지 않고 있었다. 너무도 고요한 거리를 달리기 따분했는지 택시 기사가 칠레에 대해 이런저런 이야기를 늘어놓는다. 그러다 슬며시 '그때 그 시절'을 회상한다. 근 30년 전인 1973년의 쿠데타 이후 그들이 살아야 했던 격동의 세월을. 그 시절은 이미 망각의 늪에 빠져들고 있지만 그렇다고 칠레 이야기를 늘어놓으면서 그 시절을 빼놓을 수는 없었던 모양이다.

:: 산티아고의 새로운 명물이 된 휴대폰 모양의 통신회사 빌딩.

도심으로 진입하는 곳에 있는 이탈리아 광장 부근에 숙소를 정했다. 근처에 새로 들어선 휴대폰 모양의 통신회사 빌딩이 산크리스토발 산을 마주보고 있는 것이 눈길을 끌었다. 산티아고의 남산이라 할 수 있을 산크리스토발에는 오래전에 성모마리아 상이 들어서서 마치 수호신처럼 산티아고를 내려다보고 있다. 그런데 이제 그 맞은편에 거대한 휴대폰이 우뚝 솟아 성모마리아 상과 경쟁을 벌이고 있으니 세상이 많이 바뀌긴 한 모양이다.

　　　사실 구시가지 곳곳에도 리모델링이 한창이고 새로운 건물도 몇 개 들어섰다. 그럼에도 산티아고는 크게 변했다는 느낌을 주지는 않았다. 공항에서 숙소에 이르는 길에 있는 중앙역, 대통령궁, 칠레 대학과 가톨릭 대학의 본부 건물들, 칠레의 정복자 페드로 데 발디비아의 흔적이 남아 있는 산타루시아 언덕 등은 여전히 옛 모습을 간직하고 있었다. 그래서 오랜만에 산티아고를 찾았지만 전혀 낯선 느낌을 받지 않았다. 게다가 숙소에서 도보로 조금만 가면 유학 시절 자주 찾았던 베야비스타가 있다는 점도 마음을 편안하게 해주었다. 근처의 포레스탈 공원도 여전히 무성한 가지를 드리우고 한여름의 따가운 태양을 피해 편히 쉴 곳을 제공하고 있었다. 자유연애가 고개를 든 20세기 초부터 오늘날까지도 청춘남녀가 사랑을 속삭이던 곳이요, 인생을 논하고 예술을 논하고 철학을 논하던 이들의 보금자리이기도 했던 곳이다. 산티아고가 존재하는 한 오래도록, 아니 어쩌면 영원히 남아 이따금 찾아오는 방문자들을 포근하게 감싸줄 것만 같았다.

　　　그 친근함이 칠레까지의 기나긴 여정이 남긴 눅진한 피로를 잊게 해주었다. 덕분에 학창 시절의 아련한 기억이 이끄는 대로 정처 없이 발걸음을 옮길 수 있었다. 버스도 택시도 지하철도 달갑지 않았다. 거리마다 묻어나오는 회색 기억과 아리도록 푸르른 기억과 따스한 봄날 같은 기억의 협주곡을 천천히 음미하면서, 그 기억의 조각들을 추억으로 맞추어나가고 싶었기 때문이다. 어느덧 슬며시 찾아온 어둠이 산티아고를 물들였을 때 꼭 가야만 할 것 같은 곳이 생각났다. 라이브 음악 카페였다. 10여 년 전부터 즐겨 듣던 노래들이 그리워진 것이다. 발걸음을 브라질 광장 쪽으로 돌렸다. 나에게는 생소한 곳이지만 그곳에 페냐가 있다는 말에 혹했기 때문이다.

내게는 생소해도 브라질 광장은 긴 역사를 자랑한다. 이 광장을 끼고 있는 브라질 가는 1541년 최초의 도시계획이 입안되었을 때 산티아고의 서쪽 경계선이었다. 덕분에 브라질 광장 일대는 산티아고의 성장과 함께 이내 주택가로 변하고 시내 중심가로 통하는 도로가 만들어지고 커다란 광장도 생겼다. 하지만 쇠락의 그림자가 짙게 드리워진 지 이미 오래다. 브라질 광장 주변을 포함해 산티아고 서부는 오랫동안 상류층의 주거지였지만 근대화 이후 산티아고가 급격히 팽창하면서 쇠락의 길을 걸었다. 시골을 떠나 도시로 상경한 사람들이 산티아고 서부에 위치한 중앙역 근처에 대거 정착하면서 나타난 현상이다. 상류층이 번잡함을 피해 산티아고 중심지를 지나 동부로 주거지를 옮기면서 브라질 광장 주변이 서민층의 주택가로 강등된 것이다. 고층 빌딩들이 산티아고의 얼굴을 바꾸기 전에 일어난 일이라 브라질 광장 일대는 낮은 건물들이 많다. 더구나 광장이 넓은 데다 세월의 풍상에 둔감한 듯한 오래된 나

무들이 넉넉한 가지를 늘어뜨리고 있어서 마치 한적한 소도시에 온 것 같았다.

　　　　도심 속에서 여유로움을 느끼면 문득 눈을 들어 주변을 돌아보는 법이다. 게다가 일상에서 벗어나 낯선 땅을 밟았으니 호기심마저 동해서 브라질 광장 주변을 기웃거리게 되었다. 그러던 중 음악 소리에 끌려 허름한 가게를 들여다보니 이제는 신화가 된 낯익은 얼굴들이 헌책과 중고음반의 표지와 각종 스틸 사진을 장식하고 있었다. 살바도르 아옌데, 파블로 네루다, 빅토르 하라 등이었다. 쿠데타 당일 대통령궁을 지키다 자결한 아옌데도, 타오르는 분노로 결국 병석에서 일어나지 못한 시인 네루다도, 참혹한 고문 끝에 총살당한 빅토르 하라도 모두 민중연합 정권과 함께 최후를 맞이한 순교자들이다. 평온해 보이기만 하던 광장에 갑자기 냉혹한 역사가 소용돌이치는 듯하고, 한 시대를 마감한 그 비극의 순간들이 숨가쁘게 오버랩된다. 불타는 정열도 웅대한 이상도 그리고 민중의 환희도 모두 피맺힌 아우성으로 돌변했던 그런 날이 있었음을 산티아고 한 구석의 이 한적한 광장이 기억하고 있었던 것이다.

　　　　브라질 광장에는 또다른 순교자가 있었다. 더부룩한 턱수염과 머리칼, 이글거리는 눈매의 체 게바라였다. 라틴아메리카 역사를 조금이라도 아는 사람이라면 체가 어째서 칠레의 순교자들과 자리를 같이하고 있는지 짐작할 것이다. 체야말로 라틴아메리카에서 혁명의 시대를 열었던 주역이었다. 혁명의 시대 1960년대는 사실상 1959년 1월 1일 쿠바 혁명의 성공과 함께 시작되었다. 쿠바 혁명 이후 라틴아메리카 전역은 변혁의 열망으로 뜨겁게 달아올랐다. 1970년 칠레 대통령 선거에서 아옌데를 당선시킨 민중연합의 승리 역시 그

:: 칠레 좌파의 상징이었던 살바도르 아옌데와 파블로 네루다

열망의 산물이었다. 그란마 호에 몸을 싣고 1956년 12월 2일 쿠바에 상륙한 게 릴라 82인의 일원이었다는 사실만으로 체는 혁명의 시대를 상징하는 영웅으로 추앙받기 충분했다. 더구나 그는 1968년 세계를 뒤흔든 일련의 사건들과도 불가분의 관계를 맺고 있었다. 따라서 체가 칠레의 순교자들과 자리를 같이했다고 해서 이상할 건 전혀 없다.

　　　　　1968년은 보통 프라하의 봄, 파리의 5월 학생운동, 버클리 대학의 학생시위 등이 일어났던 해로 기억되고 있다. 그러나 정작 1968년을 연 사건은 베트남 민족해방군의 구정공세였다. 또한 1968년에는 유고슬라비아와 폴란드, 일본과 파키스탄, 멕시코와 브라질과 칠레, 그리스와 포르투갈에서도 대규모 시위가 있었다. 서구 중심의 세계사 기술이 이 모든 사건을 희미하게 했지만 1968년만큼 전 세계의 거리와 광장이 냉전체제를 혐오하고 인간다운 삶을 요구하는 사람들의 함성으로 들끓었던 적은 없었다. 그런데 1967년 체가 볼리비아에서 붙잡혀 처형당한 일이야말로 1968년의 시대적 분위기와 비극적인 결말을 예고하는 것이었다. 체는 볼리비아에서 제2의 쿠바 혁명을 꿈꾸며 수하의 게릴라들에게 사자후를 토했다. "미래는 우리의 것이다"라고. 체도 그리고 많은 라틴아메리카인들도 꿈꾸던 미래가 이제 임박했다고 생각했다. 혁명을 통한 이상사회의 건설을 머나먼 미래의 일이 아니라 충분히 실현가능한 현실로 생각했던 것이다. 그리고 그 믿음은 1968년 전 세계를 뒤흔든 사건들에 직접 참여했던 많은 이들이 공유했던 것이기도 하다.

가령 프랑스의 68 학생혁명 때는 '현실주의자가 되자, 그래서 불가능을 요구하자'라는 낙서가 시위대의 구호가 되었다. 프랑스 학생혁명의 주역들 역시 체처럼 불가능을 요구하는 것이 오히려 타당한 현실인, 그런 시대를 살고 있다고 믿었던 것이다. 그러나 불가능을 요구했기에, 역사의 환희를 온몸으로 분출하던 수많은 사람들은 결국 산화할 수밖에 없었다. 하지만 당시의 시대적 분위기를 반영한 포스터 한 장이 말해주듯, 그것은 덧없는 희생이 아니라 순교로 받아들여졌다. 그 포스터의 주인공은 바로 총을 멘 예수 게릴라였듯이 게릴라들은 인류를 위해 혁명투사라는 원죄를 기꺼이 짊어진 이들로 비쳐졌다. 체가 남긴 마지막 사진은 내게는 늘 미묘한 감회를 불러일으켰다. 그는 차디찬 시신이 되어서도 눈을 감지 못했다. 허공을 바라보는 그의 시선에는 평생의 꿈이 좌절된 한이나 허무함이 담긴 듯도 하지만 체는 왠지 죽음의 길을 가면서도 꿈을 꿀 것만 같았다. 그래선지 이글거리는 눈매를 한 브라질 광장의 체가 유난히 눈길을 사로잡았다.

　　브라질 광장의 체는 총이 아니라 음악과 함께 살아 있었다. 빅토르 하라의 「체의 삼바」(Zamba del Che)가 얼른 눈에 들어왔다. 아타왈파 유팡키의 「단지 그뿐」(Nada más)도 눈에 뜬다. 모두 체에게 바친 노래들이다. 사실 체의 삶을 예찬하거나 죽음을 애도하는 노래들은 수없이 많다. 얼추 떠오르는 것만 해도 10여곡이나 되니 얼마나 많은 노래가 있을지 짐작하기 힘들 정도이다. 사회성 짙은 노래를 그다지 선호하지 않던 유팡키가 체에게 노래를 바친 것은 놀라운 일이다. 그러나 「단지 그뿐」에는 그 이유가 명확히 나와 있다. 누구나 육체적 죽음을 피할 수는 없지만 체처럼 영원한 삶을 사는 사람이 있다는 것이다.

다시 태어나려고

죽는 사람이 있지.

믿지 못하겠으면

체에게 물어보라.

체에게 헌정된 노래 중에서도 가장 유명한 곡은 「영원히」(Hasta siempre)일 것이다. 1997년 사망 30주기를 맞아 전 세계적으로 체의 열풍이 불었을 때, 스페인 태생으로 베네수엘라에서 성장한 솔레닷 브라보의 절절하면

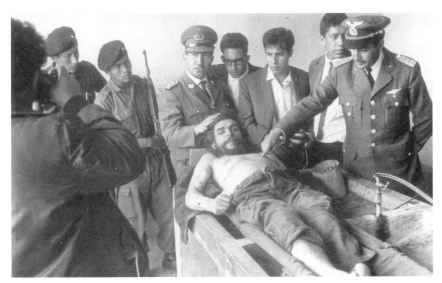

:: 체포되어 살해된 체 게바라. 죽은 지 30여 년이 지났지만 여전히 수많은 사람들에게 영감을 주고 있다.

서도 유려한 목소리를 통해 우리나라에도 소개된 노래이다. 그러나 「영원히」는 싱어송라이터이자 누에바 트로바의 선구자인 쿠바의 카를로스 푸에블라가 만든 곡이다. 푸에블라는 체의 그 유명한 「이별의 편지」를 듣고 이 곡을 만들었다. 1965년 3월 31일 체는 피델 카스트로와 쿠바 국민에게 작별을 고하는 편지를 썼다. 제3세계에 혁명의 씨앗을 뿌리겠다는 결정을 한 직후였다. 체는 편지에서 처음 카스트로를 만났을 때를 회상한다. 그리고 모든 공직은 물론 쿠바 시민권까지 반납하고 새로운 혁명을 찾아 떠난다는 비장한 각오를 밝히며 "승리의 그날까지 영원히"라는 구절로 편지를 끝맺었다. 이 편지는, 체가 비밀리에 쿠바를 떠난 지 몇 달 후인 10월 3일에야, 카스트로가 라디오 방송을 통해 낭독하였다. 쿠바 국민은 물론 라틴아메리카인들은 현실에 안주하는 '혁명 관료'가 되기를 거부하고 진정한 혁명가의 길을 선택한 체에게 존경과 애정어린 눈물로 화답했다. 푸에블라는 라디오에서 「이별의 편지」를 듣고 잠을 이룰 수 없어서 스튜디오로 달려갔다.

혁명에 대한 사랑이

그대를 새로운 과업으로 이끄네.

그대 굳센 해방의 팔을

기다리는 곳으로.

친애하는 그대의 존재로부터

해맑고 그윽한 투명함이

여기 남아있네.

체 게바라 사령관이여.

그대와 함께 있었을 때처럼

우리는 그렇게 계속 전진하리라

그리고 피델과 함께 그대에게 말하노니,

사령관이여 영원히…….

　　푸에블라의 예에서 알 수 있는 것처럼 라틴아메리카의 노래운동은 체와 더불어 혁명의 시대를 꿈꾸고 살아간 사람들의 치열한 기록이다. 아타왈파 유팡키나 비올레타 파라처럼 체가 창공에 빛나는 별이 되기 이전부터 민초들의 노래를 채집하고 확산시키면서 은밀히 그 시대를 준비한 이들도 있었다. 선구자들이 숙명처럼 걸어야 하는 가시밭길을 걸으면서도 유팡키나 비올레타 파라는 자신들이 혁명의 시대의 밀알을 뿌리고 있다는 것을 미처 깨닫지 못했을지도 모른다. 그런가하면 노래가 세상을 바꿀 수 있다는 투철한 신념으로 무장하고 혁명의 소용돌이 한복판에 몸을 내던진 빅토르 하라나 실비오 로드리게스 같은 이들도 있었다. 어찌 되었든 그들의 소망이 하나씩 둘씩 작은 불꽃을 일으키면서 혁명의 시대를 활활 타오르게 만들었을 때 체는 불멸의 영웅으로 오래도록 기억될 수 있었다.

:: 사르트르가 '완전한 인간'이라고 칭송했던 강인한 게릴라자이자 이상주의의 화신인 체 게바라를 기리는 30주기 헌정 음반
빅토르 하라 외, 체 게바라는 살아 있다! EL CHE VIVE!, Last Call Records, 1997

EL CHE VIVE !

967 - 1997

02 열일곱 살로 돌아간다는 것은

늦은 저녁을 먹고 브라질 광장 근처의 나이툰이라는 페냐로 들어 갔다. 투박한 나무탁자와 소박한 촛불이 손님들을 맞았다. 이 단출하고 가식 없는 분위기야말로 나이툰의 매력이다. 파라 남매가 만들어 누에바 칸시온의 요람이 되었던 전설적인 파라 페냐의 분위기를 재현하고 있기 때문이다. 밤 10시가 훨씬 넘어서야 공연이 시작되었다. 아니 공연이라고까지 말하기에는 너무 자유분방한 분위기에서 음악이 흘렀다. 가난이 몸에 밴 것 같은 청년에서 무명의 설움마저 즐기는 듯한 여인, 과거 잠깐이나마 대중적인 인기를 누려본 적이 있는 말쑥한 신사까지, 돌아가며 기타를 잡고 저마다 들려주고 싶은 노래 를 불렀다. 그들의 노래는 시대와 장르와 국경을 뛰어넘은 것이었다. 민요를 들려주다가는 비교적 최근 노래를 선보이고, 서정성 짙은 노래를 부르다가도

:: 누에바 칸시온의 산실 파라 페냐의 실내

해학적이고 풍자적인 노래나 혁명가요로 넘어갔으며, 다른 라틴아메리카 국가들의 노래도 거침없이 불렀다. 칠레의 페냐는 보통 전통이나 토착성에 집착하지 않는다. 전통 음악에 얽매이지 않는 개방적인 태도가 전통이라면 전통이다. 여기에는 몇 가지 이유가 있다. 우선 칠레가 스페인 식민시대가 시작되기 이전이나 이후나 남미 문화의 변방에 머물러 있었기 때문에 전통의 색채가 상대적으로 엷다는 점을 들 수 있다. 그러나 그보다 더 중요한 원인은 과거나 지금이나 칠레의 페냐들이 보통 파라 페냐의 전형을 따른다는 점이다.

　　　　카르멘 가 340번지에 있던 파라 페냐는 이사벨 파라와 앙헬 파라 남매가 1964년 문을 열었다. 이 두 남매는 칠레 민속음악을 집대성했으며 누에

:: 이사벨 파라

바 칸시온의 대모이기도 한 비올레타 파라의 자식들이다. 칠레 민속음악의 음악적, 예술적 가치를 입증하는 것을 삶의 목표로 삼았던 어머니 때문에 파라 남매는 학교 문턱을 넘어보지도 못하고 방랑가수 생활에 밤무대를 전전하며 성장했다. 유럽을 순회하고 파리에서 밤무대에 선 것도 칠레 음악을 해외에 널리 알리고야 말겠다는 어머니의 당찬 포부 때문이었다.

　　　　귀국 후 이사벨과 앙헬은 파리의 라이브 카페를 본보기 삼아 페냐를 만들었다. 먹고살기 위해서이고 어머니 그늘에서 벗어나보려는 시도였지만 페냐는 그들만의 음악적 꿈이 담긴 곳이기도 했다. 라틴아메리카 전통에 기초하면서도 국제적인 감각을 갖춘 음악을 하고, 대중적 인기에 영합하지 않는

:: 앙헬 파라

음악을 위한 문화적인 공간을 창조하겠다는 꿈이었다. 사실 당시 칠레 상황에서 상업성을 포기한 음악이 설 자리는 별로 없었다. 미국 대중음악이나 이미 상업화된 차차차나 맘보 등이 대중매체의 환영을 받았다. 자국 음악으로는 신민요라고 불리던 와소 4인조 류의 노래가 인기를 끌었을 뿐이다. 와소는 무지하지만 묵묵히 농사와 목축에 종사하는 칠레 농촌의 전형적인 인간형을 말한다. 외국 음악이 유행하는 와중에서도 이들 그룹이 인기를 끌 수 있었던 이유는, 칠레 농촌을 이상적으로 포장함으로써 도시에 정착한 지방 이주민들의 향수를 자극하고, '건전한' 농민상을 제시해 지배문화로부터 배척받지 않았기 때문이다. 그러나 농민의 희로애락을 살갑게 어루만지고, 민속음악 전통을 계승하고 재창조함으로써 근대화의 소용돌이 속에서 대안문화를 모색하던 비올레타 파라와 자식들인 파라 남매의 음악과는 크게 거리가 있었다.

파라 남매는 사실 페냐에 대해 크게 기대하지 않았다. 민속음악의 대모인 어머니조차 평생 가난에서 벗어나지 못한 것은 물론, 몇몇 영광의 순간이 있었다고는 하나 칠레의 문화계에서 여전히 비주류였던 것이다. 더구나 환기조차 제대로 되지 않는 어두침침하고 투박한 공간에 비주류 음악을 들으러 오는 사람들이 있을까 싶었다. 아직 귀국하지 않은 어머니의 도움 없이 공연진을 구성하는 것도 걱정스러운 일이었다. 그러나 페냐는 예기치 않은 대성공을 거두었다. 주말마다 발 디딜 틈이 없을 정도로 사람들이 몰려들어 기꺼이 노래를 경청했다. 훗날 누에바 칸시온의 주역이 된 빅토르 하라, 롤란도 알라르콘, 파트리시오 만스 등도 출연을 마다하지 않았다. 또한 이들은 칠레 음악의 방향성을 놓고 열띤 토론을 벌이기도 했다. 새로운 음악 흐름을 주도하던 이들이 사실상 모두 모여들었으니 파라 페냐는 누에바 칸시온의 요람으로 인정받았다. 파라 페냐의 성공으로 비슷한 성격의 업소가 산티아고는 물론 지방에도 생겨나 지식인들과 학생들에게 인기를 끌었다. 한 달 뒤에 생긴 발파라이소 대학 페냐는 그룹 킬라파윤을 누에바 칸시온의 주역으로 도약시켰고, 2년 뒤 국립기술대학(현 산티아고 대학) 페냐에서는 그룹 인티 이이마니가 결성되었다. 민중연합 시대를 상징하던 음악계 인사들이 거의 모두 페냐를 거쳐간 셈이니, 1960년대의 페냐는 누에바 칸시온의 요람을 넘어 민중연합 정부의 승리와 좌절의 역사가 점철된 역사적 장이었다.

나이툰의 투박한 실내 분위기도, 또 시대와 나라, 장르를 가리지 않는 레퍼토리도 모두 과거 페냐 파라의 유산이었기에 나이툰을 찾은 이들은 신세대보다는 중장년층이 많았다. 아마도 1960~70년대에 대한 향수가 그들의 발걸음을 이곳으로 이끌었으리라. 그들은 그저 칵테일이나 맥주 한 잔 혹은 간단한 샌드위치 등을 앞에 놓고 친숙한 멜로디에 몸과 마음을 내맡겼다. 그렇게 몇 곡이 흘러간 뒤 내게도 친숙한 곡이 흘러나왔다. 비올레타 파라의 노래였는데 제목은 밝히지 않고 그저 토나다라고만 소개했다. 토나다는 칠레에서 가장 풍요로운 민요 가락의 산실인 중부 지방의 주요 음악 장르이다. 칠레 중부 지방은 안데스 본령과 지맥 사이에 펼쳐진 드넓은 평원지대라 전통적으로 농·목축업의 중심지였다. 그래서 인구도 많고 음악도 발달했다. 토나다는 형식적으로는 스페인 가락의 영향을 많이 받았다. 비올레타 파라가 본격적으로 음악

활동을 시작한 1940년대 말에도 외래음악이라는 이유로 토나다를 배척하는 사람들이 있을 정도였다. 그러나 비올레타 파라는 토나다에 이미 칠레 농민의 정서가 깊이 배어 있다고 생각했기에 이를 배척하지 않았다.

다시 몇 곡이 흐른 후 이번에는 바네사라는 젊은 여성 노래꾼이 비올레타 파라의 노래를 불렀다. 두껍고 허스키한 목소리에 풍부한 성량의 소유자가 비올레타 파라의 노래를 걸쭉하게 부르니 손님들은 못내 흥겨워했다. 사실 그녀의 목소리는 비올레타 파라와는 전혀 다른 음색이었다. 가늘고 어둡고 단조로운 목소리를 지녔던 비올레타 파라는 결코 노래를 잘하는 노래꾼이 아니었다. 민속음악을 채집하고 집대성한 열정과 싱어송라이터로서의 창조력이 매력적이지 못한 목소리를 보완해주었을 뿐이다. 다만 비올레타 파라 자신은 그런 목소리에 조금도 열등감을 느끼지 않았다. 오히려 제도권 음악이나 상업주의에 물들지 않은 목소리라고 자랑스러워했다. 사실 아무 꾸밈없이 단조롭기만 한 그녀의 목소리가 오히려 한 시대를 풍미할 수 있었던 것도 이 때문인지 모른다. 그녀 자신도 중부 지방의 소도시 치얀 인근의 작은 마을 산카를로스에서 태어나 16세에 상경했듯이, 비올레타 파라가 노래를 하기 시작할 무렵 산티아고는 고향을 등진 사람들로 넘쳐났다. 고향에 대한 향수와 뿌리를 잃을지도 모른다는 위기감 때문에 산티아고에서는 1930년대부터 민속음악을 찾는 사람들이 늘었다. 아마도 장식음 없는 비올레타 파라의 목소리는 고향을 떠나온 이들에게 정직한 흙냄새를 떠올리게 해주었을 것이다.

전혀 다른 목소리의 소유자인 바네사가 오히려 비올레타 파라의 분위기를 강렬히 연상시킨 이유는, 무명의 노래꾼이지만 꼿꼿한 자세로 손님들을 도전적으로 쳐다보며 노래를 부르는 태도 때문이었다. 자신에 대한 자부심과 일에 대한 열정을 분출하는 그 태도에서, 노래를 부르다가도 치근덕거리는 손님이 있으면 기타로 내려치기도 했다는 비올레타 파라의 모습이 투영되었던 것이다. 비올레타 파라는 우악스럽다는 말을 곧잘 들을 정도로 당차고 억척스러운 여인이었다. 그런 성격은 어릴 때부터 형성되었다. 그녀의 아버지는 치얀 일대에서 한량으로 이름 높았다. 손에 잡히는 악기는 뭐든지 금방 연주할 정도로 음악적인 재능이 뛰어났다고 한다. 그러나 그 재능을 수많은 지역 축제를 섭렵하면서 즐기는 데만 사용했을 뿐 정작 집안을 돌보는 데는 별로 관심이 없었다. 비올레타 파라의 어머니는 외출할 때면 아예 기타를 감춰버렸다. 혹시나 아이들이 음악과 가까워져 아버지를 닮을까봐 걱정스러웠던 것이다.

한량 아버지를 둔 덕분에 비올레타 파라를 비롯한 9남매 가운데 제대로 교육을 받은 사람은 장남인 니카노르 파라뿐이었고, 그는 노벨문학상 후보로 오르내릴 만큼 칠레를 대표하는 위대한 시인이 될 수 있었다. 그러나 나머지 남매들의 삶은 몹시 고달팠다. 그나마 아버지는 일찍 죽었고, 비올레타 파라는 일곱 살 때부터 남매들과 같이 거리와 열차에서 노래를 불러 생계를 도와야 했고, 그때부터 시작된 가난은 평생을 따라다녔다. 때로는 콩 한 포대만으로 한 달을 견뎌야 했고, 난방비가 없어서 기타 케이스를 덮고 잠을 청하기도 했다. 나이 오십이 넘어서도 담배연기 자욱한 밤업소에서 새벽까지 노래하는 일은 다반사였다. 두 번의 이혼이 말해주듯 결혼생활도 순탄하지 않아 비올레타 파라는 점점 더 이를 악물고 살 수밖에 없었다.

그러나 비올레타는 어떠한 어려움에도 굴하지 않고 삶과 맞섰다. 적어도 파국의 순간이 오기 전까지 비올레타 파라는 여장부로 살았다. 혹독한 삶 속에서 그녀를 지탱하게 해준 것이 바로 음악에 대한 열정과 사명감이었다. 칠레 민속음악의 보고인 치얀 출신인 데다, 명연주자인 아버지와 노래꾼 어머니를 둔 그녀에게 산티아고에서 유행하는 민속음악은 도시민의 취향에 맞춘 빈 껍데기였다. 처음 상경했을 때부터 비올레타 파라는 피상적인 민속음악을 일소하고 진정한 민속음악을 보존, 재창조, 전파하는 것이 자신의 사명임을 어

:: 칠레 전역을 떠돌며 민속음악을 채집했고 오늘날 누에바 칸시온의 선구로 추앙받는 비올레타 파라

럼풋이나마 깨달았다.

　　　　비올레타 파라의 강인함과 열정을 늘 따사로운 시선으로 바라보던 오빠 니카노르 파라는 여동생에게 민속음악을 채집할 것을 권유했다. 그것은 늘 가슴 한 구석에 까닭 모를 공허함을 간직하고 살던 비올레타 파라에게 한줄기 빛이 되었다.

　　　　1953년 그녀는 본격적으로 민속음악 채집에 나선다. 비올레타 파라의 삶이 소용돌이치기 시작한 것이다. 그녀는 산티아고 인근 동네의 이주민촌은 물론 중부 지방 일대를 샅샅이 훑고 다녔다. 아무리 외진 곳이라 해도 마다하는 법이 없었다. 십리길이든 백리길이든 기타를 짊어지고 때로는 하염없이 걷고 때로는 노새에 몸을 실었다. 낯선 마을에 들어서면 첫번째 집에 무작정 들어가 노인들이 사는 곳을 물었다. 노인들이야말로 민요의 보고였기 때문이다. 그녀는 그들에게 호감을 사려고 춤을 원하면 춤을 추고 노래를 원하면 노래를 불렀다. 그리고 대신 옛노래를 가르쳐달라고 청했다. 때로는 죽어가는 노인의 말벗이 되어주고 옛 기억을 더듬게 하기도 했다. 녹음기는 가난한 비올레타 파라에게 사치였다. 그러나 녹음기를 빌릴 수 없었을 때도 작업에 지장을 받지는 않았다. 마주치는 노래마다 어김없이 그녀의 영혼 깊숙이 새겨졌으니, 공책 한 권과 연필 한 자루면 충분했다. 몇 달 동안 그녀는 혈혈단신으로 칠레 대학 민속연구팀보다 더 많은 노래를 채집하는 기록을 남겼다.

　　　　1953년은 또한 비올레타 파라가 라디오 프로그램을 맡은 해이기도 하다. 근대화와 도시화로 잊혀져가던 소리가 비올레타 파라의 프로그램을 통해 방송되자 감격에 찬 청취자들의 편지가 쇄도했다. 애정이 담긴 커다란 편지 자루들이 가구도 변변치 않은 비올레타 파라의 집을 장식해 나가기 시작했다. 그녀는 수천 통의 편지에 모조리 답장을 보냈다. 가난한 살림에 우편 비용을 감당할 수 없게 되자 그 사정을 청취자들에게 호소했다. 그녀의 집은 이번에는 청취자들이 보내준 새 봉투와 편지지와 우표로 넘쳐났다. 무명의 밤무대 가수가 억척 하나로 일궈낸 결실이었고, 그래서 비올레타 파라는 자신 있게 말할 수 있었다. "인생은 35세에 시작된다"라고. 1955년 민속 부문에서 칠레의 예술 대상인 카우폴리칸 상을 수상했을 때 비올레타 파라는 드디어 안정된 삶을 일구어나갈 기회를 잡았다.

그러나 비올레타 파라의 자그마한 체구에는 자신도 감당하기 힘든 꿈과 열정이 담겨 있어서 자신도 모르게 험난한 길을 선택했고 그 선택이 불행을 자초하기 일쑤였다. 카우폴리칸 상도 결국 화를 부르고야 말았다. 발단은 바르샤바 국제민속대회 초청장이었다. 그녀가 카우폴리칸 상으로 칠레 민속문화의 대표성을 인정받은 후 폴란드에서 날아온 것이었다. 두번째 남편과의 사이에서 태어난 아홉 달짜리 딸이 마음에 걸렸지만, 칠레 음악의 우수성을 해외에 알리겠다는 집념이 더 컸다. 비올레타 파라는 가족을 두고 주저 없이 바르샤바로 떠났다. 그리고 대회 기간중 딸이 죽었다는 비보를 접한다. 그러나 그녀는 결코 무너지지 않았다. 딸의 죽음을 잊기 위해 오히려 미친 듯이 공연에 몰두했고, 대회가 끝난 후에는 유럽을 돌아다녔다. 유럽 전체에 칠레 음악이 울려퍼지게 할 작정이었던 것이다. 그것이 두번째 이혼의 발단이었다. 첫번

:: 생전의 비올레타 파라. 음악에 대한 열정과 함께 생활의 피로가 느껴진다.

째 결혼생활과 마찬가지로 일에 대한 열정이 파국을 부른 것이다.

비올레타 파라는 그럴수록 일에 매달렸지만 유럽에서 버티는 일은 결코 쉽지 않았다. 싸구려 술집에서 노래를 부르고, 유령이라도 나올 것만 같은 여관을 전전하고, 「파리의 칠레 여인」(Una chilena en París)이라는 노래에 어렴풋이 나오듯 숱한 눈물을 삼켜야 했다. 그러나 결코 굴하지 않고 칠레 민속음악을 소개할 기회만 생기면 어디든 달려가 문을 두드렸다. 마치 민속음악을 채집하러 칠레 중부를 돌아다닐 때처럼. 예술가의 오만을 당연시하던 그녀는 자신을 3인칭으로 호칭하는 버릇이 있었다. 그래서 파리에서도 숱한 사람을 만나고 숱한 사무실을 들락거리며 "비올레타 파라가 왔다"라고 수인사를 건네곤 했다. 하지만 예술의 수도라는 자부심으로 똘똘 뭉친 파리가 근본도 모르는 이방인에게 쉽게 문을 열어줄 리 없었다. 대개는 거의 냉소에 가까운 반응과 맞닥뜨렸고, 그럴 때마다 비올레타 파라는 분통을 터뜨렸다. 칠레 민속음악의 가치를 인정해주지 않는 사람들이 있다는 사실을 도저히 받아들일 수 없었던 것이다. 하지만 억척스럽게 유럽을 오가면서 결국 굵직한 성과를 남겼다. 파리에서 「칠레의 노래」(Cantos de Chile)라는 다큐멘터리풍의 음반을 취입하고, 인류박물관과 유네스코에 칠레의 소리를 기록으로 남기고, 칠레 민속을 소개하는 책을 발간하고, 루브르 박물관 부속 전시실에서 자신이 만든 수공예품을 전시했다. 또 영국에서도 방송에 출연하고 BBC방송국 자료실에 자신의 노래를 소장시키는 성과를 거두었다. 그러나 경제적 궁핍은 결코 털어버릴 수 없었다.

비올레타 파라가 최종적으로 칠레로 돌아온 것은 파라 페냐가 문을 연 다음이었다. 페냐의 성공은 그녀를 설레게 했다. 드디어 칠레가 전통 음악에 관심을 기울이게 되었다는 확신이 들어서였다. 그녀는 또다시 원대한 꿈을 꾸기 시작했다. 1965년 말 비올레타 파라는 산티아고 변두리의 라레이나 구에 천막을 쳤다. 그리고 그곳을 장차 민속음악의 메카로 만들겠다는 포부를 품고 천막에서 기거하며 공연을 시작했다. 그러나 문을 열자마자 비올레타 파라는 깊은 수렁으로 빠져들었다. 기대했던 행정적인 지원은 전무하다시피 했고 변두리까지 음악을 들으러 오는 사람은 거의 없었다. 가난과 질병에 시달린 데다 마지막 남자가 되어주기를 간절히 원했던 사람의 결혼 소식까지 들려왔다. 민속음악의 전당으로 키워보겠다고 생각한 그 천막에서 비올레타 파라는 마침내 권총을 머리에 대고 방아쇠를 당겼다. 평소 그녀는 입버릇처럼 말했었다. 죽음이 올 때까지 기다리지 말고 스스로 죽음을 선택해야 한다고…….

비올레타 파라는 자살을 생각하는 나날을 보내면서 아마도 젊은 시절을 몹시 그리워했던 것 같다. 싸구려 선술집에서 노래를 부르다 술 취한 손님이 집적대면 기타가 부서져라 머리를 내려치던 당찬 청춘이었던 시절이. 비록 찢어져라 가난했지만 꿈 많던 소녀 시절로 돌아가기를, 산티아고로 올라온 뒤 처음 노래를 부르기 시작한 바로 그 나이로 돌아가기를 간절히 바라서였을까? 비올레타 파라는 「열일곱 살로 돌아간다는 것은」(Volver a los 17)이라는 노래를 남겼다. 그녀의 많은 노래가 그렇듯이 그것은 노래라기보다 한 편의 시였다.

한 세기를 살고

열일곱 살로 돌아간다는 것은,

고명한 현자도 아니면서

암호를 풀어내는 것과 같고,

문득 찰나같이 연약한 존재로

돌아가는 것이고,

신 앞의 어린아이처럼

다시 오묘함을 느끼는 것이네.

:: <u>스스로 죽음을 '선택' 한 비올레타 파라의 장례식</u>

그것이 바로 풍요로운 이 순간에

내가 느끼는 것이지.

(중략)

당신들이 앞으로 나아갈 때

나는 뒷걸음질쳤네.

연대의 무지개가

내 둥지로 스며들어

그 풍요로운 색채가

내 혈관을 물들였네.

우리를 얽매고 있는

운명의 단단한 사슬마저도

내 고요한 영혼을 비추는

순정한 다이아몬드 같기만 하네.

(중략)

감성이 할 수 있는 일을

지식은 할 수 없었네.

가장 명확한 행동도,

가장 폭넓은 사고도 할 수 없었네.

순간이 너그러운 마법사처럼

모든 것을 바꾼다네.

부드럽게 우리를

증오와 폭력에서 멀어지게 하지.

단지 사랑만이 그 기예로 우리를

그렇게도 순수하게 되돌려놓네.

담장의 담쟁이덩굴처럼

그렇게 휘감겨 가네, 휘감겨 가네.

돌멩이에 낀 이끼처럼,

돌멩이에 낀 이끼처럼,

그렇게 싹을 틔우네, 싹을 틔우네.

아, 그렇게, 그렇게. 그렇게.

    치얀에 갔다가 비올레타 파라가 태어난 산카를로스에 가보았다. 그녀는 그곳에서 태어났을 뿐 유년기는 라우타로라는 소도시에서 보냈기에 산카를로스에 그녀의 흔적이 남아 있으리라는 기대는 하지 않았다. 그러나 뜻밖에도 그녀의 생가가 남아 있다는 것을 알게 되었기에 잠시 짬을 내서 터덜터덜

:: 수채화 같은 칠레의 평원

달리는 시골 버스에 몸을 실었다. 그녀의 집은 특별한 느낌을 주지는 않았다. 그러나 그 길을 가보고 나서야 나는 칠레의 아름다움을 발견할 수 있었다. 칠레인들은 보통 남부의 대자연을 자랑스러워한다. 아름드리나무와 화산, 호수와 만년설이 존재하는 태초의 대자연을 보고 탄성을 발하지 않을 이는 없을 것이다. 그러나 그 대자연은 경외의 대상이지 사람을 포근하게 감싸주지는 못한다. 반면 산카를로스를 오가며 본 칠레 중부의 풍경은 붓끝의 터치가 생생한 한 폭의 수채화였다. 한쪽에는 눈 덮인 안데스가 선명했고 그 사이에 펼쳐진 벌판은 오밀조밀하게 정돈되어 있었다. 그리고 비올레타 파라에게 영감을 주었던 작은 뉴블레 강이 굽이굽이 흐르며 정겹게 그 벌판을 적시고 있었다. 그 아늑함이야말로 비올레타 파라가 「열일곱 살로 돌아간다는 것은」에서 선보인 시심의 근원일 것이다. 수채화 한 폭을 늘 가슴에 담고 살았기에 억척스러운 여장부로 살았고, 또 자살이라는 극단적인 삶의 결말을 생각하던 순간까지도 「열일곱 살로 돌아간다는 것은」에 배어 있는 그 순정한 시심을 잃지 않았으리라.

03 침묵하지 않는
노래꾼

        숙소 가까이에 있는 이탈리아 광장은 시내로 들어가는 길목이다. 시내를 동에서 서로 관통하는 알라메다 대로가 이곳에서 시작된다. 몇 블록을 가니 낯익은 노란 건물이 나왔다. 가장 오래된 대학인 칠레 대학의 본부 건물로, 한 귀퉁이에 서점이 있어서 자주 찾던 곳이다. 그 건너편에는 아우마다 거리가 있다. 보행자 전용도로인 이곳은 서울의 명동을 연상시킬 만큼 온갖 점포가 빼곡하고 사람들로 붐빈다. 아우마다 끝에는 무기 광장이라는 이름의 산티아고 중앙 광장이 있다. 산티아고가 생긴 이래 존속해온 곳이다. 애초에 군인들이 주둔하면서 산티아고를 건설했기 때문에 '무기 광장'이라는 이름이 붙었으리라. 중앙 광장의 시작을 알리듯 조그만 분수가 보였다. 10여 년 전 처음 산티아고에 여행 왔을 때 더위에 허덕이는 우리 일행을 반겨주던 바로 그 분수였

다. 고속버스 안에서 우연히 이야기를 나누게 된 어느 칠레 대학생이 안내했었다. 1989년 1월의 일이니 꽤 오랜 세월이 흘렀건만 클라우디오라는 그 대학생의 이름은 아직도 기억이 난다. 어둠 속에서 초롱초롱 빛나던 눈과 나지막한 분노의 목소리가 깊은 인상을 심어주었기 때문이다.

당시 페루에서 출발한 우리는 칠레의 국경도시 아리카에서 산티아고로 가는 고속버스를 탔다. 모두들 초행길이라 나란히 앉아 있던 클라우디오에게 칠레에 대해 이것저것 물어보았다. 여행이 무려 27시간이나 계속되다 보니 조금 친근감을 느끼게 되었고 드디어 궁금해하던 정치 이야기를 꺼냈다. 당시 피노체트는 17년째 집권 중이었고, 임기를 8년 더 연장하기 위한 국민투표를 바로 전 해에 실시했다. 결과는 'No'였고, 1989년에는 바야흐로 대통령 선거가 예정되어 있었다. 그래서 보통 칠레인들의 생각이 궁금했던 것이다. 하지만 클라우디오는 예상대로 낯선 사람과 정치 이야기를 하는 걸 몹시도 꺼렸다. 암울한 시대를 살아온 이들의 특징이다. 피노체트가 국민투표에서 패했다고는 하지만 당시 상황에서는 다시 출마할지도 모를 일이어서 잘 모르는 사람에게 속마음을 쉽게 드러낼 리 없었다. 그래서 마음에도 없이 아옌데 시절보다는 잘 살지 않느냐고 물어본 다음에야 분개한 클라우디오의 입을 열 수 있었다.

이미 대부분의 승객이 잠들었지만 그는 주위를 쉴 새 없이 두리번거리며 나지막한 목소리로 군부독재를 비판하였다. 너무 소곤소곤 말을 해서 채 알아듣지 못한 이야기도 많았다. 그러나 그의 빛나는 눈동자는 그들이 열망하는 세상이 무엇인지를 똑똑히 말해주고 있었다. 암살과 고문과 실종자

:: 피노체트 시절에 체제 홍보를 위해 보행자 전용도로로 단장된 아우마다 거리

251

와 정치범과 망명자가 없는 세상, 자신의 정치적 견해를 두려움 없이 말할 수 있는 세상이었다.

클라우디오와 아우마다를 걷던 그 시절에는 거리 곳곳에 군인과 경찰들이 있어서 그들의 존재 자체가 아우마다로 나온 시민들에게 침묵을 강요했다. 하지만 그 어느 정권도 국민을 영원한 침묵에 빠트릴 수는 없었던 것처럼 피노체트 시절에도 그 침묵을 깨트린 이들이 있었다. 노래꾼들이 마치 게릴라처럼 군인, 경찰들과 숨바꼭질을 하고 실랑이를 벌이면서 억압받는 자들의 노래를 아우마다에 울려퍼지게 한 것이다.

물론 쿠데타 이후 처음 몇 년간 빅토르 하라의 노래를 비롯해 민중연합 정부 시절의 상징적 노래 혹은 군사정권을 비판하는 노래는 그 누구도 감히 부를 수 없었다. 더구나 누에바 칸시온의 주역들이 국내에서 활동한다는 것은 꿈도 꾸지 못할 일이었다. 누에바 칸시온의 상징이던 빅토르 하라는 쿠데타 직후 처참한 시체로 발견되었다. 그룹 킬라파윤이나 인티 이이마니는 마침 해외 공연중이어서 화를 면했지만 귀국이 금지되어 기나긴 망명생활을 시작할 수밖에 없었다. 앙헬 파라는 쿠데타 직후 수만 명의 사람들과 함께 국립운동장에 감금되어 혹독한 취조를 당한 뒤 북부 사막의 수용소로 이송되어 몇 달간 고초를 겪은 후에 국제적인 압력으로 겨우 풀려나 망명의 길을 떠났다. 이사벨 파라, 파트리시오 만스, 오스발도 로드리게스 등도 외국 대사관에 피신했다가 역시 망명의 길을 나섰다. 1968년 설립되어 누에바 칸시온 노래꾼들의 음반을 많이 냈던 DICAP(Discoteca del Canto Popular)이나 파라 페냐는 압수수색을 당하고,

대부분의 자료들이 불살라진 후 문을 닫을 수밖에 없었다. 검열로 인해 공공장소에서는 누에바 칸시온 계열의 노래를 더이상 들을 수 없었다. 심지어 케나, 차랑고, 삼포냐 같은 안데스 전통 악기들의 사용마저 금지되었다. 누에바 칸시온 계열의 노래꾼들이 많이 사용했던 악기인 데다가 인디오 악기를 쓰는 것 자체가 민중을 대변하는 것으로 인식되었기 때문이다.

악기까지 검열의 대상이었던 바로 그 시대에 노래꾼들은 기타를 들고 도심으로 나갔고, 군사정권이 체제홍보의 수단으로 활용하고자 보행자 전용도로로 지정한 아우마다에 포진했다. 그들의 단골 레퍼토리는 비올레타 파라의 「생에 감사해」(Gracias a la vida)나 「룬룬은 북쪽으로 가버렸네」(Run Run se fue pa'l norte)였다. 비올레타 파라는 민중연합 정부가 들어서기 이전에 죽었고, 이 노래들 또한 실연의 아픔을 담은 곡들이라 민중연합과 연루되었다는 의혹을 덜 샀기 때문이다. 비올레타 파라의 마지막 연인은 스위스인 질베르 파브르였다. 라틴아메리카 민속음악에 관심이 많았던 파브르는 1960년 칠레로 왔고, 민속음악의 대가를 찾던 중 비올레타 파라와 만나게 되었다. 비올레타 파라에게 배운 케나를 바탕으로 볼리비아로 건너가 전설적인 그룹 로스 하이라스의 일원이 되기도 했던 열정의 소유자인 파브르는 18년 연상의 비올레타 파라와 사랑에 빠졌다. 그러나 나이 차이보다는 비올레타 파라의 억척스러움이 파브르를 힘들게 만들었다. 그가 볼리비아행을 택한 것은 안데스 음악의 정수를 찾기 위해서이기도 했지만, 비올레타 파라와의 불화도 작용했다. 파브르가 마지막으로 볼리비아에 간 것이 1965년 12월이었으니 비올레타 파라가 라레이

나에 천막을 쳤을 때의 일이었다. 1년 뒤 비올레타 파라는 〈마지막 작곡〉(Las últimas composiciones)이라는 음반을 취입했다. 「생에 감사해」와 「열일곱 살로 돌아간다는 것은」이 담긴 명반이었다. 그 음반의 「룬룬은 북쪽으로 가버렸네」는 파브르의 볼리비아행에 대한 심경을 피력한 노래였다.

> 망각의 차에 몸을 싣고
>
> 동도 트기 전,
>
> 세월의 정거장을
>
> 박차고 나서
>
> 룬룬은 북쪽으로 가버렸네.
>
> 언제쯤 다시 오려나.
>
> 우리의 고독을 낳은 날이
>
> 다시 돌아올 때쯤 돌아오겠지.

그러나 피노체트 독재 시절 '망각의 차에 몸을 실은 이'는 칠레 국민들에게는 아무리 기다리고 또 기다려도 돌아오지 않는 실종자들이나 혹은 외국으로 망명의 길을 떠난 그리운 이들로 받아들여졌다.

칠레 국민들은 「룬룬은 북쪽으로 가버렸네」의 경우와 마찬가지로 「생에 감사해」도 새로운 의미로 해석하고 받아들였다. 어쩌면 이 노래야말로 군사독재 시절 사람들의 가슴을 가장 촉촉이 적신 곡일 것이다. 비올레타 파라가 자살을 앞둔 시점에 만든 곡이지만 「생에 감사해」의 노랫말은 삶의 아름다움과 은총에 대한 예찬으로 충만해 있었다. 혹자의 말마따나 비올레타 파라가 자신이 상실한 모든 것을 열거한 노래인 듯하다. 하지만 노래의 원래 사연과는 무관하게 칠레 국민들은 「생에 감사해」를 통해 가시밭길 속에서도 삶의 희망을 잃지 말자는 공감대를 형성할 수 있었다. 그런 내력이 있는 곡이기에 메르세데스 소사, 존 바에스 등 많은 이들이 이 노래를 즐겨 불렀고, 마침내 누에바 칸시온 노래 중에서 제일 유명한 곡이 되었다.

생에 감사해, 내게 너무 많은 걸 주었어.

샛별 같은 눈동자를 주어

흑백을 온전히 구분하고,

:: 비올레타 파라, 마지막 작곡 Las últimas
composiciones, ARCI Music Composiciones,
1999

창공을 수놓은 별을 보고,

무수한 사람들 틈에서 내 님을 찾을 수 있네.

생에 감사해, 내게 너무 많은 걸 주었어.

청각을 주어 밤낮으로 귀 기울여

귀뚜라미, 카나리아, 망치 소리, 물레방아, 소나기,

개 짖는 소리, 그리고 사무치게 사랑하는 님의

한없이 부드러운 목소리를 새기네.

생에 감사해, 내게 너무 많은 걸 주었어.

소리와 문자를 주어

'어머니, 친구, 형제자매,

애모하는 영혼의 편력, 길을 비추는 빛' 같은

말들을 떠올리고 표현할 수 있네.

:: 빅토르 하라 재단이 소장중인 「생에 감사해」 필사본

거리의 악사들은 「룬룬은 북쪽으로 가버렸네」나 「생에 감사해」를 부르다가도 감시의 눈초리가 느슨해지면 어김없이 빅토르 하라의 노래를 부르기 시작했다. 그러나 칠레 국민에게 순교자로 각인된 그의 노래를 부르는 것은 위험천만한 일이었다. 그래서 아우마다를 비롯한 도심 곳곳의 보행자 전용도로들은 노래꾼 게릴라들이 경찰과 숨바꼭질을 벌이는 무대로 돌변하곤 했다. 군사정권의 홍보용 거리에 신새벽을 갈망하는 노래가 울려퍼질 때마다 무명의 노래꾼들은 아르헨티나의 민속음악가 오라시오 과라니를 떠올렸을지도 모른다. 그는 「노래꾼이 침묵하면」(Si se calla el cantor)에서 그렇게 노래했다. 노래꾼이 침묵하면 삶이 침묵하게 되고, 침묵은 악을 감싸는 비겁한 짓이라고.

노래꾼이 침묵하면 삶이 침묵하지.
삶 자체가 한 곡의 노래이기 때문이네.
노래꾼이 침묵하면 희망과 빛과
즐거움이 공포를 못 이겨 죽어버리네.

(중략)

노래꾼이 침묵하면 장미가 죽어버리네.
노래가 없으면 장미가 무슨 소용일까.
노래꾼은 들판 위에서

늘 약자를 비추어주는

빛이 되어야 하네.

노래꾼이여 침묵하지 말지니,

비겁한 침묵이야말로 옥죄어 오는 악을 감싸는 일이니.

아우마다 거리의 노래꾼들은 「노래꾼이 침묵하면」이 던진 메시지를 온몸으로 실천했다. 그럼으로써 망각의 차를 타고 가버린 수많은 사람들을 기억시켜주었고, 상실감과 두려움으로 삭막해진 가슴에 삶의 소중함을 일깨워주었으며, 영원할 것 같던 침묵을 깨트렸다.

04 단결된 민중은 결코
패배하지 않으리!

산티아고 중앙 광장은 칠레 역사의 아
이러니를 보여준다. 한쪽에는 정복자 페드로 데 발
디비아의 동상이 있고, 또 한편에는 원래 이 땅의
주인이었던 인디오들에게 경의를 표하는 조형물이
자리잡고 있다. 원주민들은 정복군의 말발굽에 신
음했으나 발디비아 역시 전투중에 원주민들에 의해
목숨을 잃었다. 불구대천의 원수가 같은 공간을 공
유하는 모습이 저마다 자신이 칠레 역사의 기원임
을 주장하고 있는 듯하다. 그러나 대통령궁 모네다
와 마주한 헌법광장에서는 이보다 더한 아이러니와

:: 산티아고 중앙 광장의 원주민 조형물

조우했다. 헌법광장에 간 이유는 아옌데의 동상을 보기 위해서였다. 쿠데타 당일인 1973년 9월 11일, 차디찬 시체로 떠났던 대통령궁에 아옌데가 마침내 돌아온 셈이니 어떤 모습을 하고 있을지 궁금했다. 그 동상은 민선정부가 들어선 지 꼭 10년만인 2000년에 세워졌다. 이로써 사회주의에 조국을 팔아넘긴 매국노, 급진주의자, 실패한 위정자 등으로 폄하되어온 아옌데가 기억의 장에 공식적으로 복원되었다. 그런데 헌법광장에 막상 가보니 아옌데 동상은 호르헤 알레산드리 대통령(1958~1964)과 에두아르도 프레이 대통령(1964~1970)의 동상과 같은 공간을 공유하고 있었다. 각각 보수파와 기독교민주당의 지도자로 쿠

:: 산티아고 중앙 광장에 있는 칠레의 정복자 페드로 데 발디비아 동상.

:: 헌법광장에 있는 살바도르 아옌데 동상

데타에 대해 올 것이 왔다는 반응을 보인 인물들이다. 결코 아엔데와 함께할 수 없는 인물들이 헌법광장에 있는 아이러니, 그것은 과거사 문제가 아직도 뜨거운 감자인 칠레의 현실이 빚어낸 것이다.

세 번이나 대선에서 패배했지만 그때마다 오뚝이처럼 일어선 집념과 불타는 이상의 소유자였던 아엔데를 차가운 동상으로 마주하니 어쩐지 묘한 느낌이 들었다. 근엄한 모습이나 사자후를 토하는 사진 속의 아엔데 모습에 익숙해 있었던 탓이리라. 시대가 분명 바뀌긴 바뀐 모양이었다. 그 옛날 아엔데를 실각시키는 데 동참했던 경찰들이 사진기를 든 나에게 온화한 미소를 지으며 기념으로 아엔데 동상을 촬영하라고 충고할 정도이니 말이다. 혁명의

:: 1970년 전무후무한 역사적 실험에 나섰던 칠레 민중연합의 영광과 좌절을 상징하는 살바도르 아엔데

시대를 불살랐던 드높은 이상이나 무방비 상태의 대통령궁에 폭격을 가할 정
도로 극심했던 좌우갈등은 분명 과거지사가 되었다. 그러나 대통령궁과 헌법
광장을 바라보고 있는 아옌데는 아직도 그 시대를 곱씹고 있을 것만 같았다.
그의 동상이 있는 헌법광장 귀퉁이가 모란데 80번지와 가까워서 그런 것인
지……. 모란데 80번지는 모네다궁의 측면 입구이지만 군정 기간에는 문을 폐
쇄했다. 아옌데의 시신을 꺼낸 문이었기 때문이다. 반면 오늘날의 모란데 80번
지는 아옌데를 기리는 꽃들이 넘쳐난다. 비록 가까이에 있지만 아옌데 동상은
그 추모의 장을 보고 있지 않다. 그의 시선은 광장 중앙을 향하면서도 모네다
궁을 비스듬히 바라보는 듯하다. 승리의 행진을 벌였던 날은 물론 불기둥과 자
욱한 연기로 뒤덮인 그날을 아직도 잊지 못하고 있는 것이 분명했다.

　　　　　1970년 9월 5일 아옌데는 알라메다 거리에 있는 칠레학생연맹에
서 선거 결과를 초조하게 기다리고 있었다. 자정이 지나 드디어 개표 결과가
나왔을 때 칠레학생연맹 일대는 환희의 물결로 변했다. 발코니에 나와 그 물결
을 바라보는 아옌데 역시 환희에 들떴다. 네번째로 출마한 대선이었으니 개인
적인 감회도 남달랐겠지만, 선거를 통한 사회주의 정권의 창출, 즉 소위 말하
는 칠레식 사회주의 혁명의 첫발을 뗀 데 대해 무한한 자부심을 느꼈던 것이
다. 아옌데의 승리 연설을 들은 지지자들은 산티아고를 동서로 관통하는 알라
메다 대로를 따라 대통령궁으로 행진하기 시작했다. 그리고 지난 몇 달간 그들
을 하나로 묶었던 노래를 목청껏 불렀다. 1970년 세르히오 오르테가가 만든
「우리 승리하리라」(Venceremos)로, 이 노래는 민중연합의 상징으로 대선 기간

동안 내내 울려퍼지던 노래였다.

조국의 깊은 용광로에서

민중의 외침이 일어나네.

이미 새로운 여명이 밝아오니

칠레 전체가 노래하기 시작하네.

우리는 불멸의 인물이 될

용감한 전사를 기억하며

앞장서서 죽음과 맞서리라.

결코 조국을 배신하지 않으리.

우리 승리하리라, 우리 승리하리라.

천 개의 사슬을 끊고

우리 승리하리라, 우리 승리하리라.

아옌데가 승리하면서 이 노래는 민중의 승리를 상징하는 곡이 되어 남미 전역에 퍼져나갔다. 클래식 음악가이면서도 민중가요에도 지대한 관심을 보여온 오르테가에게도 찬사가 쏟아졌다. 국립기술대학 페냐에서 탄생한 그룹 인티 이이마니가 1970년과 1973년 두 차례 이 곡을 자신들의 앨범에 포함시켰다. 인티 이이마니와 「우리 승리하리라」의 인연은 우연이 아니었다. 아옌데가 민중의 지지를 업고 선거에 나선 만큼 그의 선거운동에는 늘 민중의 소리가 울려퍼져야 했다. 라틴아메리카의 주인이었음에도 정복 이후 수탈의 세월을 인내해야만 했던 인디오의 소리가 아옌데의 선거 유세에 가장 적합하다는 의견이 모아졌다. 그리고 안데스 음악의 계승과 현대적 변용에 몰두했던 이력의 소유자 인티 이이마니가 안데스풍의 행진곡 「우리 승리하리라」를 담당하게 되었던 것이다.

그런데 「우리 승리하리라」의 노랫말은 희망찬 미래를 확신하면서도 장렬한 죽음을 내비친다. 사실 당시의 칠레 현실은 아옌데와 지지자들에게 비장한 각오를 요구했다. '죽음을 각오하리라' 같은 표현이 상투적으로 들리지 않을 정도로 좌우갈등이 극심하던 시절이었다. 아옌데가 취임하기 이전에 이미 대선 불복 조짐이 뚜렷하고, 자본유출과 매점매석이 공공연히 벌어지는 가운데, 국민의 뜻을 존중해 아옌데에게 충성을 다하겠다고 선언한 전군 참모총장이 암살되었다. 이런 분위기에서 대통령에 취임하는 것 자체가 죽음을 각오해야 하는 일이었고, 이후 아옌데는 기회가 있을 때마다 말했다. 민중이 보여준 충성심에 감사하며, 자신도 민중에게 충성을 바치겠다고. 마치 아옌데의 다짐을 시험해보겠다는 듯 상황은 점점 악화일로로 치달았다. 우파의 사보타지와 미국 CIA의 개입이 이어지더니 결국 탱크를 앞세운 군부의 무력시위까지 벌어졌다. 쿠데타의 징후가 농후해지기 시작하면서 세르히오 오르테가는 불후의 노래를 한 곡 더 만들었다. 「단결된 민중은 결코 패배하지 않으리!」(티

pueblo unido jamás será vencido)였다. 이번에는 그룹 킬라파윤이 이 노래를 확산시키는 역할을 담당했다. 1965년에 결성되어 발파라이소 대학 페냐를 통해 이름을 얻은 킬라파윤은 누에바 칸시온의 노래꾼들 중에서도 빅토르 하라와 더불어 가장 전투적이라는 평가를 받고 있었다. '킬라파윤'은 칠레 원주민어인 마푸체어로 '세 개의 턱수염'이라는 의미인데, 최초의 멤버 세 명이 모두 턱수염을 기른 데서 유래하였다. 체 게바라에 대한 존경의 표시였다. 검은 옷차림의 강렬한 무대의상 역시 강철 같은 혁명의지를 표방한 것이다. 킬라파윤이야말로 「단결된 민중은 결코 패배하지 않으리!」를 부를 적임자였던 것이다.

단결된 민중은 결코 패배하지 않으리!
단결된 민중은 결코 패배하지 않으리!

조국은 단결을 담금질하네.
북쪽에서 남쪽까지 동참하리라.
투쟁과 노동으로 단결해
뜨거운 소금평원과 광산에서
남쪽의 울창한 숲까지 행진하여 조국을 뒤덮으리라.
그들의 발걸음이 미래를 예고하네.

단결과 투쟁 그리고 희망으로 점철된 노래처럼 보이지만 사실 이

:: 그룹 킬라파윤. 세 개의 턱수염이라는 뜻의 그룹 이름은 애초의 멤버 세 사람이 모두 턱수염을 기른 데서 유래했다.

노래는 군부의 움직임에 불안해하고 분노하고 절망하던 사람들의 절규였다. 노래의 시작과 중간, 그리고 끝에 모두 '단결된 민중은 결코 패배하지 않으리!'라는 구호가 들어가는 것이 그 반증이다. 단결과 투쟁의 메시지를 노래로 승화시키지 못하고 단순하고 직설적인 구호로 터뜨릴 수밖에 없을 만큼 급박하게 돌아가는 상황의 소산이었던 것이다. 킬라파윤이 서구의 오페라와 필적할 칸타타라는 노래극 창조에 뜻을 두고, 클래식 작곡가 루이스 아드비스와 더불어 만든 〈산타마리아 데 이키케〉(Santa María de Iquique, 1970)와는 전혀 비교되지 않을 만큼 작품성이 떨어진다. 그러나 「단결된 민중은 결코 패배하지 않으리!」는 한 시대의 기록이었다. 「우리 승리하리라」가 민중연합 시대의 서막을 장식한 노래라면 이 노래는 그 마지막을 장식한 노래였다.

쿠데타가 일어나기 전날 밤 늦게까지 아옌데는 연설문을 손질했다. 다음날 국민투표를 실시하겠다는 연설을 할 예정이었던 그는, 연설문에 국민투표에서 지면 사임하겠다는 비장한 각오까지 담았다. 밤 1시 반에야 작업이 끝나 충분히 잠을 잘 수 없었던 아옌데는 새벽 6시 40분에 청천벽력 같은 전화를 받았다. 마침내 소문만 무성하던 쿠데타가 일어난 것이다. 사저에서 소식을 들은 아옌데는 대통령궁으로 출근을 감행한다. 사태는 시시각각 악화되었다. 아옌데는 포탄과 총알이 난무하는 와중에 아직 쿠데타군이 접수하지 못한 라디오 방송국을 통해 몇 차례 대국민 연설을 했다. 그러던 중 무조건 항복하면 망명을 허락하겠다는 쿠데타군의 제안을 받는다. 아옌데를 비행기에 태운 뒤 요격하는 것이 그들의 계획이었지만 아옌데는 제안을 단호히 거부한다. 그리

:: 카스트로가 선물한 총을 들고 쿠데타군에 맞섰던 아옌데

고 평소 말해왔듯이 '내 목숨으로 민중의 충성에 보답하겠노라고' 선언한다. 아옌데의 위대함은 국민 총궐기를 촉구하라는 측근의 건의를 받아들이지 않았다는 점이다. 오히려 그날의 다섯번째이자 마지막이 된 대국민 연설에서는 국민들에게 무모한 희생을 하지 말라는 당부를 한다. 이미 돌이킬 수 없는 상황에서 총궐기를 촉구하는 것은 무책임한 일이라고 생각했던 것이다. '단결된 민중은 결코 패배하지 않으리!' 라는 구호에 몇 달간 익숙해진 지지자들이 있으니, 아옌데가 총궐기를 촉구할 경우 어떤 비극을 낳을지 모를 일이었다. 아옌

:: 쿠데타군의 공습 직후 화염에 휩싸인 모네다궁

데는 측근들에게도 마찬가지 행동을 취했다. 그날의 일을 역사로 남길 사람이 필요하다고 설득해서 내보내기도 하고, 쿠데타군과 협상하라면서 떠나보내기도 했다. 누구든 원하면 대통령궁에서 나갈 수 있다는 지시도 내렸다. 그러나 상당수 측근들은 차마 그를 혼자 두지 못하고 남았다. 아옌데가 그랬듯이 그들도 쿠데타 소식에 아랑곳하지 않고 출근을 감행했을 정도로 비장한 각오를 품고 있었던 것이다. 정오 무렵 칠레 역사상 처음으로 자국 영토 내에서 비행기 공습이 가해졌다. 치솟는 불기둥과 음산한 검은 연기를 보면서 모두들 최후의 순간이 다가왔음을 깨달았다. 모두들 1층으로 통하는 계단을 일렬로 내려와 입구에 다다랐을 때 맨 뒤에서 내려오던 아옌데는 사라지고 없었다. 혼자 되돌아가 총으로 자결한 것이다. 그의 죽음과 함께 민중연합 역시 스러지고 말았다.

　　　　민중연합의 서막을 열었던 「우리 승리하리라」를 불렀던 인티 이이마니도, 「단결된 민중은 결코 패배하지 않으리!」를 부르며 민중연합의 몰락을 막아보고자 했던 킬라파윤도 결코 그 비극의 날을 잊을 수 없었다. 쿠데타가 일어난 날 외국에 나가 있었기에 화를 면한 그들은 그날 이후 군정종식이 삶의 목표이자 전부가 되었다. 인티 이이마니가 마침 이탈리아에서 녹음한 「우리 승리하리라」는 같은 해 10월 〈칠레 만세〉(Viva Chile)라는 음반에 삽입되어 유럽에 울려퍼졌다. 무려 15년 만에 귀국이 허용된 1988년, 인티 이이마니는 칠레의 독립기념일인 9월 18일을 기해 돌아왔다. 그리고 공항에서 바로 피노체트 임기연장 반대 집회장으로 달려가 'No'를 외쳤다. 킬라파윤도 1973년 9월 15일 파리 공연을 필두로 무려 2년간 조국의 비극을 주제로 한 공연만을 열었

:: 칠레 그룹 중 안데스 음악을 가장 유장하게 연주하는 인티 이이마니

다. 「단결된 민중은 결코 패배하지 않으리!」는 늘 킬라파윤과 함께 했고, 칠레 망명객들과 칠레 사태에 공분을 느낀 사람들을 하나로 묶는 역할을 했다. 그리고 1975년 음반으로 취입하기에 이르렀다. 그 이후에 킬라파윤의 삶과 음악은 '과격함'에서 벗어나 한결 세련되고 보편적인 가치를 추구한다. 그러나 그러한 변화가 1973년 그날을 완전히 잊게 만들지는 못했다. 킬라파윤이 그날의 충격에서 완전히 벗어날 수 있었던 것은 민주화가 되고, 그날의 비극을 「아엔데」 (Allende, 1992)라는 칸타타로 승화시키고 나서였다.

05 너를 기억해
아만다

산티아고에 가면 꼭 가보리라 다짐한 곳을 찾아갔다. 하라의 아내 조안 하라와 두 딸이 1996년 설립한 빅토르 하라 재단이다. 재단을 찾아가면서 묘한 설렘을 주체할 수 없었다. 한국 사람이 둘러보지 않은 곳이리라는 생각에 약간 우쭐하기도 했다. 하지만 그거야 스쳐지나가는 생각일 뿐, 그 처참했던 날들의 산 증인인 조안을 만날 수 있을지도 모른다는 기대가 나를 설레게 만들었다. 재단을 방문하기로 결정한 전날 밤부터 별의별 생각이 다 들었다. 영국인인 그녀가 과연 남편을 처참한 죽음으로 몰아넣은 이 땅에 살고 있을까, 재단을 찾아가면 나 같은 이방인을 어떻게 대할까, 물어보고 싶은 것을 다 물어볼 수 있을까 하는 생각들이었다.

재단은 뜻밖에도 브라질 광장에 있었다. 겉보기에도 초라하고 협

:: 네루다는 마추피추에 올라 누구를 위해 살아야 하는지 생각하며 다시금 각오를 다졌다. 자신의 기타가 노동하는
기타이기를 바랐던 빅토르 하라는 쿠데타가 임박한 1973년 7월 마추피추에 올라 무슨 생각을 했을까?

소해 보이는 2층 건물인 데다가 입구에는 노숙자가 누워 있어서 왠지 마음이 찡했다. 흐르는 세월이 얼마나 무심하고 망각의 늪이 얼마나 깊은지 새삼 깨달을 수 있었다. 참혹한 고문을 당하면서도 「우리 승리하리라」를 당당히 불렀다는 일화 역시 아스라한 전설로 변해버린 지금이니 빅토르 하라 재단이 잊혀지고 있다고 누구를 탓할 수도 없는 일이다. 그저 무심한 세월을 탓할 수밖에…….

　　　　초인종을 눌렀지만 아무도 없었다. 잠시 광장에 앉아 있자니 70은 넘어 보이는 할머니가 문을 여는 게 보였다. 다가가서 인사를 하고 재단을 방문하고 싶다는 뜻을 전하자 자신이 재단 자료실을 관리하는 직원이라고 소개했다. 가정집을 개조한 재단 입구에는 빅토르 하라의 테이프와 CD, 조안 하라가 쓴 『끝나지 않은 노래』(An Unfinished Song)의 여러 나라 판본이 전시되어 있었고, 2층으로 올라가는 계단에는 하라와 관계된 공연 포스터들이 붙어 있었다. 직원을 따라 먼저 자료실을 둘러보았다. 자그마한 방에 책과 제본된 복사물이 어지러이 꽂혀 있었다. 많다면 많고 적다면 적은 분량이었다. 책장 두 개 정도에 모든 자료가 다 들어가 있으니 분명 많은 양이 아니었지만, 한 사람의 노래꾼에 관한 자료가 이 정도라도 되니 빅토르 하라의 위상을 알기에는 충분했다. 자료실을 담당하고 있다는 할머니에게 조안 하라에 대해서 물었다. 산티아고에 거주한다면 인터뷰를 주선해달라고 부탁할 작정으로 미리 선물도 준비해 간 터였다. 그 할머니는 왠지 그냥 고용된 직원이 아닌 것 같았다. 연배도 조안 하라와 비슷해 보였고, 빅토르 하라에 대한 이야기를 하면서 문득문득 추모의 정을 내비쳤다. 조안에 대해서 묻자 뜻밖의 대답을 했다. 매일 재단으로 출근한다는 것이었다. 산티아고에 거주하는지 아닌지도 잘 몰랐지만 나이가 많아 매일 출근하리라고는 상상도 하지 못했었다.

그 대답을 들은 뒤 불과 2,3분 후 자료실을 기웃거리는 할머니가 있었다. 어딘가 낯이 익은 얼굴이었다. 바로 젊은 날의 사진으로만 보던 조안 하라였다. 엉겁결에 인사를 건네고 그녀를 따라 전시실로 갔다. 빅토르 하라가 생전에 쓰던 폰초와 그가 「선언문」(Manifiesto)이라는 노래에서 '노동하는 기타'라고 칭했던 그 유명한 기타를 볼 수 있었다. 기타를 배경으로 사진을 찍고, 조안의 모습을 찬찬히 살펴보게 된 것은 그 흥분의 시간이 지난 후였다. 여든

:: 빅토르 하라 재단. 누추해 보이는 재단이 영 안쓰러워 보였는데 필자가 다녀간 이후 그 옆에 빅토르 하라를 기리며 연극인들을 위한 공간(붉은색 건물)을 새로 마련했다.

이 다 된 나이였지만 아직 정정한 모습이었다. 파란 눈동자에는 젊은 날의 아름다움마저 엿보였다. 바로 빅토르 하라의 마음을 빼앗은 눈이다. 조안은 벨기에에 발레 공부를 하러 갔다가 칠레인과 결혼해 칠레에 첫발을 내디뎠다. 그녀가 우연히 안무에 대해서 강의를 했을 때 빅토르 하라는 그 수업을 듣던 학생이었다. 연상의 유부녀였지만 하라는 그녀에게 마음이 끌렸다. 우아하게 춤추는 푸른 눈의 이국적인 여인이 마음을 사로잡은 것이다. 마치 황순원의 「소나

:: 빅토르 하라의 동지이자 아내인 조안 하라. 옆에 보이는 기타는 빅토르 하라가 생전에 사용하던 것이다.

:: 가족들과 단란한 시간을 보내는 빅토르 하라.
바로 1년 뒤 참혹한 죽음이 자신을 기다리고 있을 것이라고는
상상도 하지 못했을 것이다.

기」에서 서울 소녀에게 마음을 빼앗긴 시골 소년처럼. 조안이 첫 아이를 임신한 상태에서 남편에게 버림받고 집에 틀어박혀 눈물로 세월을 보낼 때 빅토르 하라는 용기를 내 꽃을 들고 찾아갔다. 훗날 두 사람을 인생의 동반자로 만든 방문이었다.

조안 하라의 얼굴은 나이에 비해 너무나 해맑았다. 정말 인상적이어서 아픈 과거를 떠올릴 만한 것을 선뜻 물어볼 수 없을 정도였다. 궁금한 것이 어디 한두 가지였으랴. 그러나 그녀에게는 낯선 이방인에 불과한 내 주제에 그저 호기심을 충족시키고자 아픈 과거를 더듬어보게 하는 것은 못할 짓이었다. 그래서 일상적인 덕담을 몇 마디 건네고 다만 빅토르 하라의 무덤 위치를 물었을 뿐이다. 모든 것을 그에게 직접 물어보리라 다짐하면서……

재단을 물러나오면서도 조안 하라의 해맑은 모습이 여전히 어른거렸다. 그리고 그 해맑은 슬픔 속에서 빅토르 하라의 「너를 기억해 아만다」(Te recuerdo Amanda)를 떠올렸다. 이 노래 속의 아만다는 비를 맞으면서도 애인을 만난다는 기쁨에 들떠 환한 미소를 지으며 그가 일하는 공장으로 달려갔다. 그러나 단 5분간의 만남을 뒤로 하고 작업장으로 떠난 아만다의 애인은 다시는 돌아오지 못했다.

너를 기억해, 아만다.
마누엘이 일하는 공장을 향해
비온 거리를

달려가던 너를.

활짝 핀 미소에 머리칼은 비에 젖었지만

상관하지 않았지.

넌 그를 만나러 가고 있었어,

그를, 그를, 그를, 그를.

그는 산맥으로 떠났어.

그는 남에게 아무런 해도 입힌 적이 없는데.

그는 산맥으로 떠났어.

그리고 단 5분 만에 산산조각 나버렸지.

일터로 돌아가라는 사이렌이 울린 뒤

많은 이들이 돌아오지 않았어, 마누엘 역시.

너를 기억해, 아만다.

마누엘이 일하는 공장으로

비온 거리를

달려가던 너를.

이 노래 속의 아만다 같은 해맑은 모습이던 조안 하라는 쿠데타
가 일어난 그날 국립기술대학으로 출근을 강행한 빅토르 하라의 뒷모습을 보

며 무슨 생각을 했을까? 아만다처럼 사랑하는 사람을 영원히 못 보게 될 거라는 사실을 짐작이나 했을까?

빅토르 하라는 1930년대 어느 가난한 농부의 아들로 태어나 어릴 때부터 힘든 농사일을 거들어야 했다. 찢어지는 가난에서 벗어날 희망마저 포기한 아버지는 점점 술주정꾼이 되어갔고, 술에 취해 아내와 자식들에게 손찌검을 하곤 했다. 그런 고단한 삶 속에서 어머니의 존재는 한줄기 빛이요 오아시스였다. 아버지와 달리 글을 깨친 어머니는 가난을 대물림하지 않으려면 어떻게 해서든지 자식들을 공부시켜야 한다고 생각했다. 덕분에 하라는 학교에 다닐 수 있었다. 어머니는 1944년 수도 산티아고로의 이주를 결정한다. 지긋지긋한 가난에서 벗어나보고 싶었고, 또 나날이 난폭해지는 남편이 환경이 바뀌면 나아질까 막연히 기대했기 때문이었다.

:: 빅토르 하라의 대표곡 선집 음반. 아내인 조안 하라가 노랫말을 낭송한다.
빅토르 하라, 선언MANIFIESTO, Castle Communication Plc, 1998

처음에 음악은 하라에게는 부차적인 일이었다. 그저 일상의 고단함에서 잠시 벗어날 수 있는 휴식처였을 뿐이다. 처음 하라 가족이 산티아고로 이주했을 때 어머니는 닥치는 대로 일을 해야 했기에 아들을 제대로 보살펴줄 수 없었다. 그때 하라에게 위안이 되었던 것이 이웃에게 배운 기타였다. 또한 음악은 그가 성인이 되기 전에 사망한 어머니에 대한 아련한 추억을 되살려주기도 했다. 어머니는 노래를 잘 불러서 농촌에 살던 시절 인근 경조사에 불려 다녔다고 한다. 하라의 음악적 재능도 따지고보면 어머니에게 물려받은 것이리라. 아무튼 합창단의 일원으로 활동하고, 민속음악 채집에 나서기도 하고, 친구가 활동하는 쿤쿠멘이라는 그룹이 음반을 녹음할 때 한두 곡씩 자기 노래를 부르기도 했지만 하라는 자신의 음악활동에 대해 더이상의 의미를 부여하지 않았다. 대신 연극을 택해서, 1965년경에는 칠레에서 가장 촉망받는 연출가

:: 빅토르 하라를 위한 콘서트 음반. 마리아
파란두리, 한네스 바더 등이 참여했다.
마리아 파란두리 외, 빅토르 하라를 위한
콘서트Konzert für Victor Jara, Pläne, 1999

로 꼽혀 해외 연극제에도 몇 차례 초대받았다. 그리고 이후 국립기술대학 연극 교수로 임용되어 어느 정도 안락한 삶도 보장받는다.

　　　그러나 하라의 주위를 맴돌기만 하던 음악은 마침내 운명이 되었으니, 1957년 비올레타 파라와 만난 것이다. 시원치 않은 음악인을 보면 당장 때려치라는 독설을 서슴지 않는 것으로 유명한 그녀가 하라에게는 적극적으로 음악에 매진할 것을 권해서 오히려 그를 당혹스럽게 만들었다.

　　　1961년 쿤쿠멘과 함께한 유럽 순회공연도 하라가 음악에 한 발 더 발을 담그게 된 중요한 계기였다. 예술감독 자격으로 따라갔지만, 순회공연 중 구 소련에서 보컬을 맡은 가수 한 사람이 병이 나는 바람에 대신 무대에 설 기회를 잡았다. 그리고 청중들의 뜨거운 반응을 접하면서 처음으로 음악인으로서의 보람을 느꼈다.

　　　그의 연극 인생의 정점이기도 했던 1965년은 빅토르 하라의 새로운 음악 인생이 시작된 해이기도 하다. 파라 남매의 요청으로 파라 페냐에서 가끔 기타를 잡았고, 이때부터 노래꾼으로서의 하라의 자질이 입소문을 통해 퍼져나갔던 것이다. 파라 페냐의 예기치 않은 대성공으로 산티아고는 물론 지방에서도 많은 페냐가 생겨났다. 그리고 파라 페냐에서 명성을 얻은 하라는 초대손님으로 이곳저곳의 페냐를 돌아다니면서 활동 영역을 넓혔다. 그런 와중에 알게 된 킬라파윤이나 인티 이이마니 같은 대학생 그룹에게 하라의 조언은 소중한 것이었다.

　　　1969년 역시 하라에게는 인생의 분기점이 된 해였다. 제1회 칠레 누에바 칸시온 페스티벌에서 「어느 농민에게 바치는 탄원의 기도」(Plegaria a un labrador)라는 노래로 대상을 수상한 것이다. 이는 단순히 한 개인의 영광이 아니었다. 비올레타 파라에서 파라 페냐의 음악인들에 이르기까지의 일련의 음악적 흐름이 공식적으로 인정을 받은 사건이었다. 그래서 이 음악적 흐름이 대회 이름을 본떠 누에바 칸시온이라 불리게 된 것이다. 이 대회를 계기로 누에바 칸시온의 선도자로 공인받은 하라는 1969년 바로 그해에 당분간 음악에 전념하리라 결심했다. 그의 인생에서 처음으로 음악이 자신의 운명임을 받아들였던 것이다. 그러나 그런 결정을 내렸을 때 하라는 그 운명이 자신을 어디로 데려갈지 모르고 있었으리라.

빅토르 하라에게 드리워진 운명의 굴레는 '혁명'이라는 두 글자였다. 연극인으로 쿠바를 방문했을 때 우연히 체 게바라를 만났고, 훗날 볼리비아에서의 그의 죽음에 통분했던 하라는 1970년의 대선이 선거를 통한 사회주의 정권 수립이라는 칠레식 혁명의 첫걸음이 되기를 간절히 바랐다. 그리고 연극보다는 음악이 민중에게 더 쉽게 접근할 수 있는 수단이라는 이유로 연극을 잠시 뒷전으로 돌렸다. 하라 인생의 마지막 몇 년간 그의 삶과 노래는 역사와 함께했다. 아옌데 선거유세 지원을 위해 전국을 누비고, 민중연합 정권이 탄생한 후에는 홍보 사절로 라틴아메리카 각국을 돌아다녔다. 노벨문학상을 받은 네루다의 귀국 환영 행사를 총지휘하고, 빈민촌 주민들의 애환과 수탈의 역사를 음악으로 만들었다. CIA의 배후 지원을 업고 트럭업자들이 파업을 일으켜 물류 대란이 일어났을 때 하라는 자원봉사자들과 더불어 직접 밀가루를 등에 지고 날랐다. 그리고 그 고단한 일을 하는 와중에도 짬이 나면 기타를 들고 작업장을 누비며 동료들에게 힘을 북돋아주었다.

　　　1973년 9월 11일 비극의 날이 밝았을 때 하라는 심상치 않은 동태를 느끼고 아침부터 부인 조안과 함께 라디오에 귀를 기울이고 있었다. 이윽고 결연히 집을 나서 학교로 향했다. 그날은 그가 몸담고 있던 국립기술대학 행사에 아옌데가 와서 연설을 할 예정이었다. 정변으로 인해 그 행사가 거행되지 못할 거라고 예상했지만, 동료 및 학생들과의 연대, 나아가 대학과 노동자 간의 연대로 이 위기 국면을 돌파할 수 있지 않을까 하는 막연한 기대를 저버리지 못했던 것이다. 쿠데타군이 내린 통행금지령으로 거리는 적막하기 짝이 없었는데도 국립기술대학까지 가는 길은 너무나 멀게만 느껴졌다. 그곳에 이르기 위해서는 대통령궁이 있는 시내를 관통해야 했지만 이미 쿠데타군에 의해 도로가 차단되어 남쪽으로 멀리 우회할 수밖에 없었다. 거리에서 분주히 움직이는 군인들과 탱크 그리고 총소리와 폭발음들 때문에 빅토르 하라는 초조하게 차를 몰았다. 시시각각 다가오는 죽음을 향해서…….

　　　하라가 국립기술대학에 도착했을 때 대학 방송국은 쿠데타군이 장악한 뒤였고 학교 전체가 사실상 포위되어 있었다. 국립기술대학은 교수들부터 학생들까지 온통 빨갱이라고 낙인찍혀 있었기 때문이다. 그날 아침 600여 명의 교수와 학생들이 모여들었지만 서로 얼굴만 쳐다볼 뿐이었다. 멀리 대통령궁을 폭격하는 비행기들이 보였을 때 모두의 절망은 극에 달했다. 게다가 집에 돌아갈 수조차 없었다. 대학 주변에서도 총성이 끊이지 않아서 거리로 나서

:: 빅토르 하라에게 영광과 죽음을 동시에 안겨준 칠레 스타디움. 2003년 빅토르 하라 스타디움으로 이름이 바뀌었다.

는 것 자체가 위험한 일이었던 데다가 학교를 포위한 군인들이 교문 밖으로 나오는 사람은 사살하겠다고 위협했기 때문이다. 그들은 절망을 곱씹으며 그 밤을 보내야 했다. 그러나 빅토르 하라는 기타를 잡고 또다시 노래를 불렀다. 암흑의 시대에 한 가닥 희망을 심어주고자 했으리라.

　　　날이 밝을 무렵 쿠데타 군의 탱크가 무차별 발포하며 대학에 진입하기 시작했다. 전날 총장이 직접 나서서 통금이 해제되면 자진해산하고 귀가하겠다고 군인들에게 약속했지만 그사이 일행을 모두 체포하라는 명령이 하달되었던 것이다. 교수와 학생들은 구타와 욕설이 난무하는 가운데 근처에 있는 복싱 경기장인 칠레 스타디움으로 끌려갔다. 하라는 정체가 탄로나지 않도록 신분증을 버렸다. 하지만 소용없었다. 칠레 스타디움 입구에서 그를 알아본 장교에게 처참하게 두들겨 맞고 따로 수용되었다. 다음날 빅토르 하라가 지하고문실에 끌려갔다가 후에 동료들 품에 다시 안겼을 때는 이미 걷기 힘들 정도로 망신창이가 된 다음이었다. 칠레 스타디움 전체가 생지옥이었다. 음식도 물도 주지 않고 계속되는 고문, 수시로 쏘아대는 기관총, 확성기에서 끊임없이 흘러나오는 거친 위협 등, 집단적 광기 앞에 칠레 스타디움에 수용된 수천 명의 사람들의 분노와 좌절감 그리고 무력감은 깊어만 갔다. 결국 관중석에서 몸을 던져 자살하는 사람이 나오고 이성을 잃고 발악하다 기관총 세례에 쓰러지는 사람도 생겼다.

　　　하라는 고문을 당하면서도 「우리 승리하리라」를 부르는 의연함을 과시했지만 다가오는 죽음의 그림자를 느끼기 시작했다. 무엇인가를 해야만 한다는 생각이 들었다. 고문실에 끌려갔다 돌아온 그 다음날인 9월 14일 다소 정신을 차린 그는 동료들에게 연필과 종이를 구해 무엇인가를 적기 시작했다. 이렇게 해서 「칠레 스타디움」(Estadio Chile)이라는, 그가 만든 마지막 노랫말이 탄생했다. 그것은 아비규환의 기록이었다. 심지어 유년 시절의 끔찍한 기억까지 되살아났던 모양이다. 이웃집에 산파가 오면 이윽고 출산의 진통을 겪는 산모가 지르는 비명에 소름끼쳐하던 그 기억, 하라는 쿠데타군을 보고 어릴 적의 산파를 떠올렸다.

우리들 중 여섯이

별나라로 사라졌지.

한 명이 죽고, 한 명은 믿을 수 없을 정도로 맞았지.

한 인간을 그렇게 때리는 것이 가능할까?

다른 네 명은 스스로

모든 두려움을 떨쳐버리고자 했지.

한 명은 허공으로 뛰어내리고,

또다른 한 명은 벽에 머리를 부딪치면서.

그러나 그들 모두 죽음을 똑똑히 응시했다네.

파시즘의 얼굴이 자아내는 이 공포를 보라!

파시스트들은 그 어떤 것도 상관없다는 듯

교묘하고 정확하게 계획을 실행하네.

그들에게 피는 메달이고

학살은 영웅적 행동이지.

신이시여! 이곳이 당신이 만든 세상입니까?

경이로운 7일간의 일이 이것을 위한 것이었습니까?

이 네 개의 벽에는

멈춰진 숫자만이 하나 있네.

천천히 더 많은 죽음을 원할 테지.

그러나 갑자기 의식이 요동치더니

맥박 없는 이 물결과

타이프라이터 소리와

한껏 온화한 산파 얼굴을 한

군인들이 바라보네.

여러 동료들이 이 노랫말을 외우고 종이쪽지에 베끼는 사이 하라의 운명은 갑자기 클라이맥스를 향해 치닫기 시작했다. 그는 국립운동장으로 이송되기 시작한 다른 동료들로부터 격리되었다. 이후 아무도 그를 보지 못했다. 그리고 9월 16일 이른 아침 산티아고 교외에서 싸늘한 시체로 발견되었다. 4년 전 제1회 칠레 누에바 칸시온 페스티벌에서 영광의 대상을 받았던 바로 그 칠레 스타디움에서 즉결처분을 받은 뒤 거리에 버려진 것이다.

06 나 그 거리를 다시 밟으리

조안 하라의 해맑은 얼굴이 남긴 여운이 가시지 않은 채로 다음 날 당장 산티아고 시립공동묘지를 찾았다. 빅토르 하라뿐만 아니라 칠레의 수많은 역사적 인물들이 잠들어 있는 곳이다. 아엔데와 비올레타 파라의 묘도 있으며, 네루다도 이장되기 전 이곳에 잠들어 있었다. 죽은 자들의 거리도 산 자들의 거리처럼 이름이 붙어 있었다. 거리 이름을 알아야 무덤을 쉽게 찾을 수 있지만 미처 그 사실을 몰랐던 나는 죽은 자들의 거리를 헤매기 시작했다. 아엔데의 묘는 쉽게 찾을 수 있었다. 시립공동묘지의 중심지인 오히긴스 가에 있었기 때문이다. 오히긴스는 칠레 독립의 영웅이고, 그의 이름을 딴 묘역에는 칠레 역사의 주역들이 잠들어 있다. 아엔데의 묘도 민선정부가 들어선 이후 이곳으로 이장되었기 때문에 당연히 오히긴스 가에 있는 것이다.

:: 「열일곱 살로 돌아간다는 것은」이라는 노랫말의 담쟁이덩굴을 연상시키는 비올레타 파라의 묘

다소 헤매기는 했지만 비올레타 파라의 묘도 그럭저럭 찾을 수 있었다. 풀이 무성한 묘가 나뭇잎 사이로 비어져 들어오는 햇빛을 받으며 나를 맞았다. 무덤 머리맡에는 꽃바구니가 놓여 있고 봉토의 우거진 풀 틈에 꽃이 피어 있었다. 어째 손질이 안 되어 있을까 싶었지만 잘 보니 담쟁이덩굴을 심어놓은 것 같았다. 「열일곱 살로 돌아간다는 것은」의 담쟁이덩굴이 생각났다. 가난에 찌들고 당찬 포부 때문에 고난의 삶을 자초했던 여장부였지만 지금은 그녀를 위해 담쟁이덩굴까지 심어놓은 이들의 보살핌 속에 편히 쉬고 있으리라는 생각이 들었다. 문득 빅토르 하라 재단에서 보았던 「생에 감사해」의 육필 원고가 생각났다. 아마 지구 반대편에서 이방인이 일부러 찾아온 것을 알면 그녀가 진짜로 생에 감사하지나 않을지, 이렇게 뜬금없이 생색을 내고 나니 어째 멋쩍어서 인터뷰 답례용으로 준비해 간 조그만 색동 고무신 장식품을 걸어주었다.

　　하라의 묘는 시립공동묘지 가장자리에 있다. 시립공동묘지가 상당히 넓기도 했지만 섭씨 35도까지 올라가는 이상 고온으로 그곳에 이르는 길이 한없이 멀게만 느껴졌다. 중심가에서 멀어질수록 그늘을 찾기 힘들어 작열하는 태양이 더욱 원망스러웠다. 땀을 흘리며 한동안 터벅터벅 걷다보니 잡초가 더위로 말라비틀어진 공터들이 보였다. 아직 묘지로 조성되지 않은 공간이었다. 마치 폐허를 걷고 있는 느낌이었다. 하라의 무덤은 그 너머에 있었다. 시립공동묘지의 담이겠거니 생각했던 길고 긴 벽이 모두 무덤이었던 것이다. 관 하나 들어갈 크기의 무덤이 마치 아파트처럼 층층이 들어서 있었다. 하라가 죽어서도 땅 한 뼘 차지하지 못하고, 기껏해야 화분 한두 개 헌정받을 정도의 공간만을 차지하고 있다는 사실에 어쩐지 마음이 황량해져 그 벽을 한참을 마주하고 서 있었다. 막연한 허탈감을 털어버리고 하라의 무덤을 찾기 위해 발걸음을 떼는 순간 갑자기 난감해졌다. 그 수많은 무덤 속에서 어떻게 하라를 찾아갈지 막막했기 때문이다. 묘비에 새겨진 사망 연도를 살펴보았지만 부질없는 짓이었다. 하라처럼 1973년에 죽은 사람들이 부지기수였기 때문이다. 그것도 9월과 10월에 죽은 사람이 많았다. 나중에 알게 된 일이지만 시립공동묘지 측에서 그 벽을 처음 조성한 것은 쿠데타 직후 갑자기 너무나 많은 유해가 밀어닥쳤기 때문이었다. 물론 그 벽에 있는 사람들이 모두 쿠데타와 관계 있는 것은 아니지만 사연 많은 이들이 많이 잠들어 있는 것은 분명했다.

고인들의 이름을 살피며 터벅터벅 벽을 따라 걸어가는데 무덤 하나가 유난히 시선을 끌었다. 무덤 가장자리를 두른 붉은색 칠과 붉은색 꽃도 심상치 않은데 체 게바라의 얼굴마저 새겨져 있었다. 물론 체 게바라의 무덤일 리는 없다. 가까이 가서 보니 무덤의 주인은 옥타비오 호세 아라야 오르티스라고 되어 있었다. 1993년 9월 11일, 즉 쿠데타가 일어난 지 꼭 20년이 되는 날에 죽었다는 점이 심상치 않았다. 더구나 파블로 밀라네스의 「나 그 거리를 다시 밟으리」(Yo pisaré las calles nuevamente)의 도입부를 약간 변형시킨 문구가 새겨져 있었다. 무덤의 주인이 누군지는 알 수 없었지만, 분명 사연이 있는 무덤이었다. 그 노래는 누에바 트로바의 주역 중 하나인 밀라네스가 군부독재에 신음하는 칠레 국민에게 바친 것이기 때문이다. 그런 내력이 있기에, 이 노래는 산티아고 거리를 꼭 다시 밟아 해방의 광장에서 죽어간 이들을 추모하고, 칠레 국민들과 더불어 알라메다 거리에 다시 노래가 울려퍼지는 날을 만들겠다는 다짐을 담고 있다.

나 그 거리를 다시 밟으리,

피가 흥건했던 산티아고의 거리를.

그리고 해방된 어느 아름다운 광장에

멈춰 서서 사라진 이들을 위해 통곡하리라.

(중략)

살인자들의 손이 불태운

책과 노래가 다시 돌아오리라.

:: 체 게바라의 얼굴과 「나 그 거리를 다시
밟으리」라는 노랫말이 새겨진 묘

민중이 폐허에서 다시 태어나고

배신자들은 죄값을 치르리라.

한 아이가 알라메다에서 뛰어놀고

새로운 친구들과 노래하리라.

그리고 그 노래는 모네다에서 꺾인

한 목숨에게 바치는 대지의 노래이리니.

'모네다에서 꺾인 한 목숨'이라는 구절에서 이미 아옌데를 암시하기도 하지만, 1973년 9월 11일 대통령궁 모네다의 화염을 기억하는 칠레인이라면 '해방된 광장'이라는 구절에서 당연히 헌법광장을 연상하게 마련이다. 또한 아이들이 알라메다에서 뛰어놀며 노래했으면 하는 소망이 누구의 소망이었는지도 금방 알아챌 수 있다. 그것은 바로 아옌데의 소망이었다. 그는 화염이 치솟는 모네다에서 절망하면서도 대국민 연설에서는 "곧 넓은 알라메다가 다시 열릴 것이다"라고 예언했다. 그가 놓지 못한 그 가냘픈 희망의 끈이야말로 민주화투쟁 중에 오래오래 기억되었고 지금도 헌법광장의 아옌데 동상 뒤편에 그 문구가 새겨져 있다.

드디어 칠레에 민선정부가 들어서서 밀라네스의 간절한 기원처럼 쿠데타군의 탱크가 점거했던 알라메다를 자유롭게 다시 밟고, 해방된 광장에서 사람들을 추모할 수 있는 날이 돌아왔지만, 정작 밀라네스는 오랫동안 칠레를 찾지 않았다. 피노체트가 여전히 군 통수권을 쥐고 있는 상태에서의 민정이양에 분노했기 때문이다. 귀국 후에야 앰네스티 인터내셔널의 보고서를 통해 알게 된 일이지만 「나 그 거리를 다시 밟으리」를 연상시키는 구절이 새겨진 무덤의 주인은 밀라네스처럼 절반의 민정이양에 분노하던 시절의 희생자였다. 그는 쿠데타 20주년을 맞은 1993년 9월 11일 대통령궁을 지나 시립공동묘지에 이르는 반 피노체트 시위에 참가했다. 그리고 시위대를 진압하는 경찰들의 총에 맞아 겨우 18세의 나이로 순교자의 대열에 합류하게 되었다. 그의 죽음 외에도 보고서는 그날 구금과 구타와 고문이 난무했다고 적고 있다.

　　　　그가 죽어간 1993년은 바로 내가 칠레에 머무르던 해이다. 그해의 일이 새삼 기억날 수밖에 없었다. 쿠데타가 일어났던 9월은 물론, 그 다음달까지도 내가 다니던 칠레 대학교에서는 금요일마다 시위가 있었다. 학생들은 으레 대로에 면한 학교 울타리 쪽으로 달려가며 돌을 던졌다. 한번은 시위 진압대를 향해 돌진하던 한 학생이 '한국식으로 하자!'라고 외치는 소리를 들었다. 그것은 최루탄에 굴복하지 말고 용감하게 시위를 계속하자는 뜻이라고 했다. 돌과 화염병이 난무하던 5공화국과 6공화국의 시위 장면이 외신을 타고 어지간히 많이 방송된 모양이었다. 칠레에 민선정부가 들어선 다음이기는 하지만 군부와 국회에서의 피노체트의 힘은 여전히 막강해서 군부독재 시대의 인권을 유린한 각종 범죄에 대한 진상규명이나 사법적 단죄는 지지부진했기에 해마다 9월이 되면 반복되는 일상이었다. 그리고 쿠데타 발발 20주년이던 그해는 기록적으로 시위가 많았다. 나는 대학 졸업 후 처음 맡아보는 최루탄 냄새에 고개를 절레절레 흔들며 그 학기를 보냈지만, 그 무덤의 주인공은 그해에 그렇게 덧없이 죽어갔던 것이다.

1995년에야 마침내 칠레를 찾은 밀라네스는 수많은 청중과 함께 「나 그 거리를 다시 밟으리」를 불렀다. 밀라네스는 물론 그 노래를 듣는 칠레인들 모두 감격스러워했다. 군부독재 시절 가장 많이 부르던 노래의 하나였기 때문이다. 칠레를 대표하는 소설가 호세 도노소가 군부독재 시대의 암울한 현실을 다룬 소설 『절망』에서 「나 그 거리를 다시 밟으리」를 일컬어 한 세대의 칠레인들의 전기를 압축한 노래라고 했을 정도이니 말이다. 하지만 밀라네스는 알고 있었을까? 못다 핀 한 청춘이 그의 노래를 비문에 새기고 잠들어 있어야만 하는 사연을?

그 무덤을 지나 얼마를 더 가니 네루다가 이장되기 전에 이곳에 잠들어 있었다는 안내문이 보였다. 네루다의 무덤도 그 벽에 있었다는 사실은 처음 알았다. 이곳 시립공동묘지에 잠들어 있었다는 것은 알고 있었지만 내가 알기로는 분명 이런 자리가 아니었다. 이 점도 나중에 알게 된 일이지만, 처음에는 네루다 부부와 잘 아는 이의 가족묘에 묻혔다가 6개월 반 만에 이 벽으로 옮겼다고 한다. 처음에는 기꺼이 자리를 내준 가족묘의 주인이 공산주의자 시인에게 호의를 베풀었다는 사실이 부담스러워 이장을 요구했다고 한다. 하수상한 시절이었으니 그 주인이 겁을 먹은 것도 당연한 일이었다. 어찌 되었든 네루다가 비극적인 죽음을 맞은 이들과 같이 있었던 것이 더 자연스럽게 느껴졌다. 아무리 초라한 곳이지만 그와 같이 한 시대의 이상을 공유했던 이들이 많이 묻혀 있는 곳이니 말이다. 그런 생각이 들자 하라가 겨우 그 초라한 벽의 한 귀퉁이를 차지하고 있는 현실이 덜 허탈해졌다.

　　　　마침 옆을 지나는 환경미화원에게 하라의 무덤 위치를 물었다. 내가 온 쪽을 가리키며 그곳에도 팻말이 있으니 그리 찾기 어렵지 않을 것이라고 한다. 벽에 새겨진 이름들을 뚫어지게 쳐다보다가 미처 하라의 묘를 알리는 팻말을 발견하지 못하고 지나친 것이다. 오던 길을 되돌아가 이번에는 쉽게 묘를 찾을 수 있었다. 미망인 조안 하라의 회고록에 따르면 그녀는 지인들에게 돈을 빌려서 겨우 이 벽의 한 자리를 무덤으로 사용할 수 있었다고 한다. 민중연합의 전위대였던 빅토르 하라가 재산을 모으는 데 신경을 쓸 틈은 없었으리라. 하지만 돈이 있다 한들 당시의 공포 분위기 속에서 그럴 듯한 묘를 꾸밀 수는 없었을 것이다. 어쨌든 조안으로서는 초라한 무덤이 늘 마음에 걸렸다고 한다. 하지만 하라가 아직도 그 묘역에 그대로 잠들고 있는 것은 무엇 때문일까? 아마 빅토르 하라가 그 초라한 자리를 영원히 지키는 것이 그의 죽음의 진정한

:: 싱그러운 정열을 연상시키는 빅토르
하라의 묘

의미를 훼손하지 않는 것이라고 믿었기 때문일 것이다. 조안 하라는 깊은 감사를 표했다. 그 살벌한 시절에도 하라를 추모하는 사람들이 몰래몰래 갖다 바친 붉은색 꽃이 산을 이루었다는 사실을. 또한 그가 죽은 지 30여 년이 지나도록 무덤에 꽃이 떨어진 적이 없다는 것을. 내가 하라를 찾아간 날도 무덤 앞에는 선홍색 꽃이 빛나고 있었다. 뜨거운 태양을 아랑곳하지 않는 싱싱한 그 꽃이 마치 자신이 흘린 피의 의미를 아느냐고 물어보는 듯했다. 낯선 이방인이 그 의미를 어찌 다 알 수 있을까마는 그래도 그 꽃을 보고 죽음의 순간까지도 의연했던 하라의 모습을 떠올릴 수는 있었다.

07 자그마한 불꽃들이 물결치던 밤

　　베야비스타에 어둠이 깔리기 시작하면서 시끌벅적한 음악이 거리를 가득 채웠다. 이 일대 업소들이 영업을 준비하면서 손님을 끌기 위해 흘리는 음악이다. 베야비스타의 밤은 그렇다. 일부 조용한 주택가가 아직 남아 있기는 하지만 밤만 되면 사람들로 북적대고 각종 장르의 음악이 격렬한 소리의 전쟁을 벌인다. 산티아고 시내가 훤히 내려다보이는 산크리스토발 입구에 위치해 있어서 베야비스타는 산티아고 주민들은 물론 외국인들도 많이 찾는다. 그와 함께 수준급의 레스토랑이 생기고 술집과 디스코텍이나 살사텍 혹은 재즈 바와 라이브 카페들이 생겨났다. 지금은 상업적인 냄새가 너무 짙어져버렸다는 느낌을 주지만 베야비스타는 한때 보헤미안풍의 문화 거리였다. 그리고 그 이전에는 서민층이 주로 사는 외딴 주택가에 불과했다. 외딴 주택가에서

보헤미안풍의 거리로 변모하게 된 것은 산크리스토발 덕분이기도 하지만 차스코나 덕분이기도 하다. 차스코나는 네루다와 마지막 부인 마틸데가 살던 집의 이름이다. 네루다가 워낙 사람을 좋아했던지라 그가 가는 곳마다 지인들이 들끓었다. 차스코나 역시 지인들의 사랑방 구실을 했다. 그러나 아무리 네루다가 식도락가요 애주가라 하지만 모든 손님들을 다 먹이고 마시게 할 수는 없었다. 칠레 정치와 문단의 중심에 있었던 네루다이니만큼 감당하기 힘들 만큼 많은 사람이 들락날락했던 것이다. 차스코나 근처에 품격 높은 레스토랑과 술집, 카페가 하나둘 생겨난 것은 그때부터이다. 네루다 집에서 이야기꽃을 미처 다 피우지 못한 사람들, 술에 고팠던 사람들, 식탐을 충족시키지 못했던 사람들이 차스코나 근처로 자리를 옮겼다. 그리고 그들 중 상당수가 예술인이다보니 베야비스타가 다른 지역과는 다른 색깔을 내게 된 것이다.

유학 시절의 마지막 날, 환송파티를 해준다고 베야비스타로 나를 데려갔던 동료들의 얼굴이 떠올랐다. 그들이 하필 베야비스타로 나를 데려간 이유가 있었다. 당시의 베야비스타는 누에바 칸시온과 누에바 트로바 그리고 누에보 칸시오네로를 쉽게 접할 수 있는 곳이었다. 1990년대 초는 민주화의 바람을 타고 과거의 노래운동에 대한 애정과 관심이 다시 고조되어 있었다. 나는 나대로 라틴아메리카 심장부로 들어가는 비밀의 문을 열어준 노래들을 마지막으로 들을 수 있었기에 마다할 이유가 없었지만 내 동료들에게도 그 노래들은 특별한 것이었다. 어느 날엔가 밤늦게 수업을 마치고 모두들 가벼운 마음으로 맥주 한잔 하자고 학교 근처 피잣집에 들어간 적이 있었다. 별다른 일이 있었던 것도 아닌데 그날은 드물게도 다들 술을 제법 마셨다. 그리고 어느 순간 이미 내 귀에도 낯설지 않게 된 그 시절의 노래들을 부르기 시작했다. 더구나 탁자를 두들기며 합창까지 하는 게 아닌가. 외국 생활을 하는 동안 그렇게 격하게 노래를 부르는 광경을 본 적이 없었다. 너무나 긴 암흑기를 살아왔던 그들로서는 그 옛날 가슴에 맺힌 응어리를 풀어주던 노래들에 대한 기억 한 자락을 쉽게 놓지 못하고 있었던 것이다.

　　　　그러나 지금의 베야비스타는 유학 시절의 분위기와는 딴판이었다. 술 한잔 걸치고 책상을 치며 노래를 부르던 이들은 어느덧 체통을 지킬 나이가 되었고, 요즘의 칠레 젊은이들은 그 시절 노래보다는 살사나 록 혹은 라틴재즈 등에 더 관심이 많다. 베야비스타 구석구석을 헤매도 옛날을 회상할 수 있는 노래들을 만나기는 쉽지 않았다. 그러던 중 실비오 로드리게스의「너에게 노래 한 곡을 선사하네」(Te doy una canción)가 흘러나오는 라이브 카페를 발견했다. '알타소르'라는 간판이 걸려 있었다. 노벨문학상 수상자를 둘이나 배출한 시인의 나라답게, 칠레 시단의 또다른 거목인 비센테 우이도브로의 대표 시집 이름을 카페 이름으로 삼은 것이다.

　　카페로 들어가 실비오의 노래를 부르는 무명 가수 근처에 자리를 잡았다. 그의 바로 앞자리에는 다정한 눈길로 귀 기울여 노래를 듣는 젊은 여인이 있었다. 한눈에 연인 사이라는 것을 짐작할 수 있었다. 들어간 지 얼마 안 되어 노래를 그쳤다. 아쉬운 마음에 노래를 부르던 이에게 말을 붙여 보았다. 자신을 아벨 알바레스라고 소개하는 그는 쿠바 태생이라고 했다. 음악으로 성공하겠다는 꿈을 이루기 위해 2년 전에 칠레로 건너간 것이다. 새로운 음악을 추구하는 무명 악사에게는 쿠바보다는 칠레가 기회가 좀더 많다는 것이 그의 설명이었다. 사실 무슨 말인지 언뜻 이해가 가지 않았지만 그의 설명을 듣고는 그럴 수도 있겠다 싶었다. 그는 부에나 비스타 소셜 클럽풍의 노래를 원하지 않았던 것이다. 그 음악이 쿠바의 문화유산이기는 하지만 자신은 복고풍의 노래보다는 새로운 흐름에 몸을 싣겠다는 것이다. 그가 말하는 새로운 음악은 퓨전 음악이었다. 퓨전 재즈와는 다르지만 라틴재즈가 최근의 퓨전 음악을 선도

:: 쿠바의 노래꾼 아벨

한 공로가 크고, 그래서 최근의 베야비스타는 라틴재즈의 전성기를 구가하고 있다는 것이 그의 분석이었다. 자신의 꿈은 칠레에서 음악적 기반을 다져 유럽으로 진출하는 것이란다. 어차피 숙소로 돌아가면 잠잘 일만 남았을 뿐이라 술이나 같이 하자고 청했다. 그는 한 타임 더 노래를 부르고 나서는 기꺼이 나와 합석했고, 그의 애인을 비롯해 다른 동료들도 자리를 같이 했다. 그들의 이런저런 이야기 중에서도 실비오를 존경한다는 아벨과 그의 애인 파올라의 이야기가 인상 깊었다. 그저 귀동냥으로만 어렴풋이 알고 있던 1990년의 어느 공연에 관한 이야기였다.

　　　　　1990년 3월의 마지막 밤. 산티아고 국립운동장을 가득 메운 8만 청중은 멀리 쿠바에서 찾아온 실비오 로드리게스를 열광적으로 맞아들였다. 공연이 시작되고 얼마후 실비오가 이날의 공연을 빅토르 하라에게 바치고 싶다고 말하면서 「이상한 사람」(El hombre extraño)이라는 노래를 부르기 시작했다. 청중들의 우레 같은 박수와 환호성 그리고 힘찬 구호는 노래를 시작하고도 한동안 잠잠할 줄 몰랐다. 그러나 나지막한 실비오의 목소리가 8만 청중의 폐부를 적시면서 박수와 환호성과 구호는 이내 숨죽인 흐느낌으로 변했다. 그리고 오로지 인간의 뜨거운 가슴에서만 우러나올 수 있는 전류가 국립운동장에 감돌았다. 수많은 사람들이 라이터를 꺼내 들고 노래에 맞춰 천천히 좌우로 흔들기 시작했다. 처연한 그리움으로 사무친 그 불꽃들이 하나가 되어 가슴 뭉클한 파도가 되어 물결치던 그날 밤, 비로소 칠레는 17년 전 쿠데타가 일어난 그 해에 눈을 부릅뜬 채 죽어간 빅토르 하라의 두 눈을 감겨줄 수 있었다. 기타를 잡

았다는 이유만으로 손목이 부러지고, 얼굴이 망신창이가 되고, 옷이 너덜너덜
해질 정도로 무참하게 두들겨 맞고, 결국에는 수십 발의 총알을 맞고 죽어갔기
에 결코 감을 수 없었던 그 두 눈을……

그는 이상한 사람이었네,

어쩌면 사람들이 그렇게 여겼던 탓이겠지.

길을 가다 마주치는 것마다,

길을 가다 마주치는 것마다,

모두 입을 맞추었기 때문이지.

사람들에게, 강아지에게,

가구에 입을 맞추었네.

그리고 어느 방 창문을,

어느 방 창문을

달콤하게 깨물었네.

거리에 나가면

온 동네에 입을 맞추었네.

길모퉁이에, 인도에,

건물 입구에, 시장에.

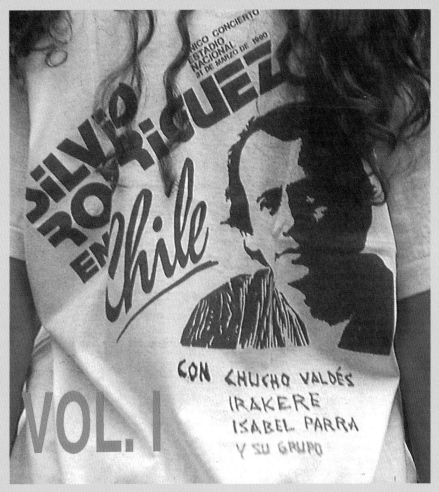

:: 실비오 로드리게스, 실비오 로드리게스 칠레 공연Silvio Rodriguez en Chile, Ojalá, 1992

영화를 보는 밤이면

(또한 연극 공연이 있는 밤에도)

객석에 입을 맞추었고

옆자리에도 입을 맞추었네.

이런 일들과 또다른 많은 일들 때문에

정상인들이 그를 데려갔네.

아무도 그를 보지 못할 곳으로,

아무도 그를 기억하지 못할 곳으로,

아무도 그를 기억하지 못할 곳으로.

사람들이 이야기하네.

감방에서는 자기 구두에,

자기 침상에, 창살에,

자신을 둘러싼 흙벽에,

자신을 둘러싼 흙벽에 입을 맞추었다고.

어느 날, 소식도 없이,

그 이상한 남자가 죽었다네.

아주 당연히

그를 땅에 묻었지.

바로 그 순간,

하늘의 새들은

지상에 입술이

탄생한 것을 발견했다네.

그 사람은 이상한 사람이었네.

「이상한 사람」은 이처럼 '모든 것에 입을 맞추었다' 라는 비유를 통해 인간에 대한 빅토르 하라의 숭고한 사랑을 기린 곡이었다. 앞서 언급했듯이 그는 소작농의 자식으로 태어나 청소년기에 부모를 잃고 고학 끝에 전도양양한 연극 연출가요 촉망받는 교수가 되었다. 하지만 결코 안락한 삶에 안주하지 않고 혁명 가수로 변신해 아옌데가 이끌던 민중연합 정권의 탄생과 수호에 온몸을 바쳤던 전력의 소유자이다. 오직 인간이 인간답게 살 수 있는 세상을 꿈꾸지 않았다면 결코 그 안락함을 떨쳐버릴 수 없었을 것이다. 그런 삶을 살았으면서도 역사의 덫에 걸려 참혹한 최후를 맞은 빅토르 하라에게 헌정한 노래였으니 국립운동장을 가득 메운 청중이 그토록 흐느끼고 가슴 아파하는 것도 무리는 아니었다. 더구나 그토록 염원하던 민주화의 새벽이 밝아 민선정부가 들어선 지 이제 고작 20일, 피로 얼룩진 과거에 대한 기억이 아직도 생생했으니 그 자리에 같이할 수 없었던 빅토르 하라의 처절한 죽음은 청중들 가슴에 아리도록 선연할 수밖에 없었다. 또한 공연이 열린 그 국립운동장이야말로 쿠

:: 쿠데타 직후의 국립운동장. 아직은 군인에게 담뱃불을 빌리고 그 모습을 보고 웃는 이도 있지만 얼마 안 가 고문과 죽음의 아비규환으로 변했다.

데타 직후 수천 수만의 사람이 수용되어 고문당하고 살해당한 비극적 현장이었으니 살아남은 자들의 회한은 이루 말할 수 없었다. 그 절절함이 빅토르 하라를 추모한 「이상한 사람」을 통해 한꺼번에 분출되었던 것이다.

실비오 로드리게스의 공연이 열렸다는 것, 그 사실만으로도 17년간의 기나긴 독재의 사슬에서 막 벗어난 칠레 청중에게는 형언하기 힘든 감격이었다. 피노체트 통치 시절 실비오 로드리게스는 결코 칠레 땅을 밟을 수 없었다. 1960년대 말부터 쿠바 혁명의 전도사로, 또 군부통치 종식을 외치는 민주화의 전령으로 라틴아메리카 전역을 누비며 자유와 정의를 노래한 이력 때

:: 실비오 로드리게스-파블로 밀라네스,
실비오 로드리게스와 파블로 밀라네스의
아르헨티나 공연 Silvio Rodriguez-Pablo
Milanes en vivo en Argentina,
ALFIZ-EMI, 2000

문이다. 특히 1984년 아르헨티나 공연이야말로 칠레 통치자들의 심기를 결정적으로 거슬린 공연이었다. 오랜 음악적 동지 파블로 밀라네스가 카랑카랑한 목소리로 「나 그 거리를 다시 밟으리」를 노래했던 바로 그 공연이다. 두 사람은 군부통치에서 막 벗어난 아르헨티나를 방문하여 민주화의 감격과 희생자에 대한 애절한 그리움을 아르헨티나 국민과 함께 나누었고, 그 공연장의 모든 사람들이 한 마음으로 이웃나라 칠레에도 여명이 밝아오기를 기원한 바 있었다. 산티아고에서 열린 실비오 로드리게스의 공연이야말로 6년 전의 기원이 현실이 된 공연이었고, 그날 밤 하나가 되어 물결치던 자그마한 불꽃들이야말로 쿠데타로 희생된 이들의 부활의 혼불이었다.

08 강력한 죽음

베야비스타에 다시 간 것은 차스코나를 보기 위해서였다. 차스코나는 네루다가 마지막 부인 마틸데의 곱슬머리에서 착안해 붙인 이름이다. 차스코나는 여러 차례 가본 적이 있다. 칠레에 갈 일이 있을 때마다 네루다의 집을 아무 곳이나 둘러보는 것이 이제는 버릇처럼 되었다. 이미 10여 년이나 가슴에 품고 있는 계획 때문이다. 그건 네루다에 관한 평전 비스무레한 것을 써보겠다는 것이다. 10여 년이나 가슴에 품고 아직 첫줄도 쓰지 못하고 있으니 그건 계획이라기보다 차라리 막연한 꿈이라고 해야 더 어울릴 것이다. 돌이켜 생각해보니 책을 쓰겠다고 처음 마음먹을 때도 얼토당토않은 이유를 내세웠는데, 정작 단 한 줄도 쓰지 않는 이유도 정말 가지가지이다. '필'이 오지 않는다는 핑계에다, 마음먹고 들어앉아 그의 시에 폭 빠질 만한 여건이 안 된다는 절묘한 구실에, 무슨 이유이든 주워섬기기만 하면 그게 다 한 줄 안 쓰고도 당당히 살 수 있는 멋진 변명거리가 되어왔다. 그래도 집착에서 헤어나지 못하고 칠레에 갈 일이 있으면 집을 기웃거리고 어슬렁어슬렁 새로운 자료를 찾아 헤매고 그의 흔적을 쫓아다니면서, 네루다의 시구처럼 '시가 나를 찾아' 오기를 막연히 기다리고만 있다.

　　　　어쨌든 이번에도 어김없이 그 답답한 행보를 되풀이하기 위해 차스코나로 간 것이다. 베야비스타는 북적이지만 차스코나가 있는 골목길은 마치 딴 세상인 듯 조용하기만 하다. 원래 산기슭에 의지해 지은 집이라 동네 제일 안쪽에 있기도 하지만, 골목길 자체가 큰 길에서 묘하게 갈라져 안쪽으로 이어져 언뜻 눈에 잘 띄지 않는다. 게다가 골목 안에 있는 집은 몇 채 되지 않아 차스코나를 방문하는 사람이 아니면 들어설 일이 별로 없다. 계단을 올라가 정원 입구를 마주하자 상쾌함을 느낄 수 있었다. 울창한 나무와 마틸데가 직접 가꾸던 정원과 본채로 통하는 계단을 오르는 담쟁이덩굴과 정원 어디선가 들려오는 물소리가 자아낸 상쾌함이다. 네루다 부부가 바닷가 집을 놔두고 오히려 여름에 차스코나에 머무른 이유를 알 것 같았다.

　　　　안내인을 따라 우선 식당으로 들어갔다. 바다 냄새가 물씬 풍겼다. 식당 문으로 들어서자마자 보이는 자그마한 바는 마르세유에서 통째로 가져온 것이다. 19세기 범선에서 실제 사용하던 것을 뜯은 것이라고 한다. 식당 자체가 길쭉한 모양을 하고 있는 것은 선실에서 식사하는 분위기를 풍기려는 의도가 반영된 것이다. 식탁에는 물고기를 새겨 넣은 커다란 요리 그릇도 있었

:: 차스코나의 본채. 네루다의 유해가 지상에서 마지막 밤을 보낸 곳이다.

:: 세바스티아나에서 바라본 발파라이소

다. 바다를 너무도 좋아해 초록색 잉크로 시를 쓴 시인다웠다. 세계 각지의 형형색색의 그릇과 잔, 칠레 토산품들이 매력을 더했다. 네루다의 수집벽은 남달라 여러 채의 집을 그득 채우고도 남았다. 세계 각지에서 모은 소라와 책, 범선의 뱃고동 장식품, 술잔과 술병, 배에서 사용하는 물품, 배 장식품, 도자기, 그림, 심지어 이슬라네그라 집 마당에는 채석장에서 쓰던 조그만 화차까지 끌어다 놓았다.

　　　　여러 채의 집과 호사스런 수집벽 때문에 네루다는 가끔 구설수에 올랐다. 집만 해도 이슬라네그라라는 한적한 바닷가 마을에 한 채가 있고, 발파라이소에는 세바스티아나라는 이름의 집이 있다. 또한 산티아고 내에도 두 번째 부인과 같이 살았던 미초아칸이라는 저택이 있다. 정적들의 좋은 공격거리가 될 수밖에 없었다. 심지어 좌파 내부에서도 민중시인과는 어울리지 않는 사치라고 입방아 찧는 사람들이 있었다. 주 프랑스 대사로 재직중일 때는 공금 유용설까지 떠돌았다. 노벨상 상금으로 노르망디에 시골집을 샀건만 중세 영주의 대저택을 산 것으로 와전되어 일어난 해프닝이었다. 사실 네루다가 아무리 밀리언셀러의 저자라지만 집을 여러 채 소유하고 온갖 물건을 사들이는 데 쓸 만큼 돈이 넘쳐나지는 않았다. 네루다의 비결은 툭하면 마이너스로 떨어지던 은행 잔고에도 불구하고 얼마든지 외상 구매를 가능하게 해준 유명세였다. 아무튼 네루다는 생활비가 달랑달랑하든 말든 과도한 지출로 남들이 입방아를 찧든 말든 전혀 개의치 않았다. 민중시인이기에 앞서 아름답고 진기한 것들을 보면 호기심을 주체하지 못하는 어린애였고 풍류객이었던 것이다.

　　　　네루다의 '사치'를 탓할 일만은 아니다. 그는 50세가 되던 1954년 책과 소라를 칠레 대학교에 기증한 바 있다. 자신이 아끼는 것을 남들과 함께 공유하고 싶었던 것이다. 그의 궁극적인 계획은 문화재단을 만드는 것이었다. 노벨문학상을 받고 지병으로 프랑스 대사직을 사임하고 돌아오면서 그 계획은 착착 진행되어갔다. 아이러니하게도 쿠데타가 일어난 1973년 9월 11일은 네루다가 학수고대하던 날이었다. 그날 변호사가 재단의 정관, 설계도, 모형도 등과 네루다의 유언장을 가지고 와서 재단 설립에 관한 서류 작업을 마치기로 한 날이기 때문이다. 그 계획은 쿠데타로 인해 당연히 수포로 돌아갔다. 그리고 우여곡절 끝에 1986년에야 파블로 네루다 재단이 설립되어 각종 기념사업을 수행함은 물론 젊은 시인들에게도 재정적인 지원을 할 수 있게 되었다. 게다가 박물관으로 변한 세 채의 집에는 매년 28만 명이 찾고 있으니, 네루다의 호사스런 취미가 오히려 칠레인들에게 문화 국가로서의 자부심을 심어주고 있는 실정이다.

식당을 나와 담쟁이덩굴을 잠시 벗삼아 가파른 계단을 올라가면 2층 건물과 마주친다. 1층은 응접실이고 2층은 침실이다. 응접실도 식당과 마찬가지로 아기자기하고 진기한 물건들로 꽉 차 있었다. 중앙 벽에 걸려 있는 마틸데의 기묘한 초상화가 단연 눈길을 끌었다. 두 개의 머리를 한 마틸데가 각각 정면과 측면을 응시하고 있고 붉은 머리카락 윤곽선에는 네루다의 옆모

:: 네루다 재단이 다시 사들여 최근
일반인에게 공개한 미초아칸

습도 담겨 있다. 이 초상화는 멕시코의 유명한 벽화화가 디에고 리베라가 선물한 것이다. 2층에는 침실이 있으나 그곳만은 마틸데의 유언에 따라 공개하지 않는다. 안내인의 설명에 따르면 네루다의 죽음과 관련된 끔찍한 기억 때문에 공개를 꺼렸다고 한다. 사실 응접실 역시 네루다의 죽음과 깊은 관계가 있다. 네루다의 유해가 마지막으로 머문 곳이기 때문이다.

쿠데타가 일어난 날 아침 네루다는 주로 겨울에 거처하던 이슬라 네그라의 집에서 초조하게 이리저리 라디오를 돌리며 사태의 추이에 비상한 관심을 기울였다. 희망을 잃지 않으려 애썼지만 아옌데가 죽었다는 소식을 접한 네루다는 절망의 나락에 빠졌다. 이미 지병이 있었던 그는 당일 오후부터 걷잡을 수 없이 병세가 악화되었다. 그리고 며칠후 산티아고의 한 병원으로 이송되었다. 쿠데타군의 무자비한 탄압으로 이미 수천 수만의 사람이 죽고 고문당하고 수용소에 갇히고 망명을 떠나는 상황에서 그가 입원했다는 사실을 안 사람은 많지 않았다. 네루다는 9월 23일 그렇게 외로운 최후를 맞았다. 이승을 하직하는 깊은 잠에 빠지기 전 네루다는 신열에 들떠 "그들을 쏴죽이고 있어, 쏴죽이고 있다고"라고 처절하게 절규했다고 한다. 마틸데는 네루다의 시신을 차스코나로 옮겼다. 쿠데타 직후 우익 과격파들이 난입해 분탕질하고 가구들을 부수고, 물을 틀어놓아 온통 아수라장이라 대문을 통해 관을 모실 수조차 없었다. 죽음의 공포와 위협에 굴하지 않고 마지막 작별인사를 하러 모여든 지인들이 정갈한 장소로 시신을 옮겨 시인의 한을 조금이나마 덜어주자고 제안했지만 마틸데는 일언지하에 거절했다. 평생 시만 쓰고 사회정의를 부르짖은

:: 쿠데타가 임박했을 때 병으로 죽어가던 몸으로 라디오 방송에 출연해 칠레의 모든 노동자, 예술가, 시민들의 대동단결을 호소했던 네루다. 그의 장례식엔 삼엄한 감시에 아랑곳하지 않고 구름 같은 인파가 몰려들었다.

시인의 마지막 가는 길이 얼마나 참담했는지 모두들 똑똑히 알아야 한다는 이유에서였다. 응접실에 네루다를 안치해놓고 마틸데는 타오르는 분노를 가슴에 새기고 있었다. 의자 하나 남아나지 않고 유리창마저 다 부서져 뼛속까지 스미는 초봄의 추위에 떨면서 가슴에 새긴 그 분노야말로, 훗날 그녀가 꿋꿋하게 민주화 운동에 동참하게 된 원동력이었으리라.

　　　　이슬라네그라 집에 묻히고 싶다던 네루다의 생전 소원은 군정 당국에 의해 무시되고, 유해는 차스코나와 가까운 공동묘지로 향했다. 군인들이 행렬을 따르며 감시했다. 국민적 시인의 최후이건만 시대는 이미 그의 죽음을 목놓아 조상하는 것을 금하고 있었던 것이다. 하지만 네루다의 마지막 길이 그렇게 외롭지만은 않았다. 그의 유해가 묘지로 향하는 동안 행인들이 멈춰 서고 창가마다 사람들이 가득하더니 행렬을 따르는 사람들이 점점 늘어났다. 행렬에 있던 이들은 분노에 찬 함성으로 네루다의 이름을 외치고, 나아가 아엔데와 빅토르 하라를 외쳤다. 네루다의 사망 소식에 또다시 가슴이 억만 갈래로 찢어져 지인들의 부축을 받고 억지로 장례 행렬을 따라 나선 조안 하라는 그 함성을 듣고 비로소 한 가닥 위안을 얻었을 것이다. 또한 모든 사람들이 네루다의 마지막 가는 길이 어떠했는가를 알기를 원했던 마틸데 역시 수많은 추모객들과 외신기자들의 존재에 작게나마 위로를 얻을 수 있었으리라. 분노에 찬 구호와 여기저기서 터져나오는 「인터내셔널」에 압도된 군인들은 운구를 바삐 독촉할 뿐이었다. 이윽고 묘지에 이르러 장례식이 시작되자 흐느끼는 울음 사이로 다시 한번 「인터내셔널」이 터져 나왔다. 그리고 그것은 분노와 슬픔을 더이상 가슴에 묻어둘 수 없었던 사람들의 절절한 합창으로 변했다. 모두들 시대의 아픔을 통곡한 것이었다. 네루다의 장례식은 쿠데타 이후 최초의 시위로 기록된다.

피노체트 시대를 살았던 그 누구도 쿠데타 이후의 수많은 죽음에서 결코 자유롭지 못했다. 칠레의 록 그룹 로스 하이바스의 「마추피추의 산정」 (Alturas de Macchu Picchu)도 죽음의 광시곡이 울려퍼지던 시대의 산물이었다. 이 음반은 로스 하이바스가 1981년 망명지 파리에서 동명의 네루다 시집에 곡을 붙인 것이다. 네루다는 멕시코에서 외교관으로 근무하다 1943년 귀국길에 잉카의 유적지 마추피추를 둘러본 적이 있다. 그는 여느 관광객들처럼 그 폐허를 보고 사라진 잉카의 영광이나 세월의 무상함을 논하지 않았다. 그 웅대한 도시를 산 정상에 만들기 위해 고초를 겪었을 한 많은 민초들의 삶을 생각하며 가슴 아파했다. 또한 모두가 죽고 없는 이 폐허의 도시에서 죽음을 극복할 죽음이 무엇인지 성찰하게 되었다. 네루다가 소망한 죽음은 깊고 깊은 망각의 늪으로 빠져들고 마는 보통 사람의 죽음이 아니라 역사에 길이 빛나고 민중의 열망과 영원히 함께할 그런 죽음이었다. 『마추피추의 산정』은 네루다의 『모두의 노래』(1950)를 구성하는 15권의 시집 중에서도 가장 작품성과 진정성을 인정받은 책이다. 그리고 『모두의 노래』야말로 체 게바라가 게릴라전의 와중에도 늘 손에서 놓지 않았던 책이었다.

로스 하이바스는 총 12편으로 구성된 시집 『마추피추의 산정』을 7곡으로 만들었다. 시집에는 12편의 시가 일련번호가 붙어 실려 있지만 로스 하이바스는 인상 깊은 시구들을 뽑아 각각 7곡의 노래에 제목을 붙였다. 로스 하이바스의 〈마추피추의 산정〉에서 곡의 길이가 가장 길 뿐만 아니라 음악적으로도 후한 평가를 받았을 정도로 심혈을 기울인 곡은 두번째 곡이었다. 공연 때마다 청중들로부터 우레와 같은 박수갈채를 받아서 로스 하이바스의 대표곡으로까지 꼽히는 이 곡에는 「강력한 죽음」(La poderosa muerte)이라는 제목이 붙어 있다. 시집 『마추피추의 산정』의 네번째 시에 포함된 시어에서 따온 제목이었다. 그랬다. 네루다의 죽음은 로스 하이바스와 칠레 국민의 가슴에 강렬한 여운을 남긴 '강력한 죽음'이었다.

09 나는 살리라

다시 칠레를 찾은 것은 네루다 탄생 100주년 행사를 둘러보기 위해서였다. 칠레 정부는 네루다 탄생 100주년인 2004년 7월 12일을 전후한 일주일을 아예 네루다 주간으로 선포했다. 그리고 이 특별한 일주일을 위해 이미 2년 전에 대통령 산하에 위원회를 두고 갖가지 행사를 준비해왔다. 민간 차원에서도 다채로운 행사가 열렸다. 가는 곳마다 네루다를 만날 수 있었으니, 어느 낙서의 표현처럼 2004년 7월의 칠레는 '칠레의 네루다가 아니라 네루다의 칠레'였다.

네루다 주간을 여는 공식행사는 마포초 문화센터에서 시작되었다. 지금은 문화센터로 변한 옛 역사 내부에는 파도 소리를 배경으로 네루다의 시가 울려퍼지고 있었다. 사실 네루다는 그리 매력적인 목소리의 소유자는 아니다. 그의 목소리는 아주 단조롭다. 비가 많이 내리는 지방인 테무코에서 유년기를 보내서 비에 젖은 목소리를 가지게 되었다는 것이 네루다의 변이었다. 하지만 마포초 역에 울려퍼지는 네루다의 목소리가 내게는 대지의 소박함을 연상시켰다. 아무런 가식 없는 목소리이기 때문이다. 커졌다 작아졌다 하는 리드미컬한 파도 소리 속에서도 일정한 톤을 유지하는 네루다의 목소리, 그것은 천년을 가도 변치 않으리라는 대지의 약속이었다. 마포초 역 정면에는 짙푸른 바다를 배경으로 한 플래카드가 걸려 있었다. 파도 소리도 이 플래카드도 모두 바다를 사랑한 시인에 대한 경의의 표시였다.

그렇지만 나는 바다를 사랑한 네루다보다는 젊은 날의 네루다가 떠올랐다. 마포초 역이 대학에 진학하기 위해 처음 상경한 17세의 네루다가 처음 내린 역이기 때문이기도 하지만 플래카드 속 네루다의 시선이 역사 옆을 흐르는 마포초 강 건너편을 향하고 있었기 때문이다. 강 건너편에는 그가 산티아고에 올라와서 처음 머물던 하숙집이 있다. 지금도 결코 쾌적한 거리가 아닌 마루리 가 513번지 하숙집에서 가난과 무명시인의 설움을 곱씹었던 기억을 네루다는 결코 지울 수 없었다. 네루다는 그곳에서 황혼에 넋을 잃은 슬픈 학생으로 변했다. 저녁마다 발코니에 앉아 시시각각 색깔이 변하는 저녁놀을 바라보고, 마루리 가의 초라한 집들이 저녁놀과 함께 스러지기라도 할까봐 저어했다. 하지만 네루다는 그 황혼에 고단한 영혼을 의지하기로 했다. 때로는 노을에서 아름다움을 발견하고 잠시나마 현실의 고단함을 잊었고, 또 때로는 노을을 빌려 피곤한 삶을 토로했다. 첫 시집 『황혼일기』(1923)는 그렇게 해서 탄생했다. 만년의 네루다는 수많은 사람들에게 존경과 사랑을 받았다. 마루리 가의 슬픔이나 고독과 다시 조우할 일은 없을 것만 같았다. 그러나 칠레 현대사의 비극은 네루다를 다시 애잔한 석양이 있는 그 동네로 데려갔다. 마포초 강을 피로 물들인 쿠데타로 네루다가 분사(憤死)하자 군정당국이 시인의 유해를 그가 그리워하던 바다 대신 마루리 가 너머의 시립공동묘지로 데려갔으니 말이다.

그러나 무엇 하나 가진 것 없던 그 젊은 날에도 황혼의 아름다움을 발견했듯이 네루다는 죽어서도 아름다움을 발견했을 것이다. 그를 기리는 수많은 사람들이 무덤 앞에 바친 붉은 꽃들이 황혼보다 더 찬란하고 영롱히 빛났으니까. 그렇게 그에 대한 흠모와 사랑이 끊이지 않은 덕분에 네루다는 마침내 석양을 뒤로하고 생전의 소원대로 이슬라네그라에 돌아갈 수 있었다. 근 20년 만의 일이었다. 유학 시절 나는 안타깝게도 그 역사의 현장을 직접 보지 못하

:: 네루다가 '비에 젖은' 음성으로 시를 읊고 푸에블라가 노래한다.
카를로스 푸에블라-파블로 네루다, 쿠바를 노래하는 아메리카의 목소리|Dos voces de América en un canto a cuba, Egrem, 1999

고 TV뉴스로 접했다. 예상을 뛰어넘는 많은 사람들이 참여하여 또다시 네루다의 이름을 외치고 있었다. 화면에는 온갖 표정의 얼굴이 스쳐지나갔다. 숙연한 얼굴, 한이 서려 있는 듯한 얼굴, 감동으로 상기된 얼굴들, 모두들 네루다에게 하고 싶은 말이 무척 많은 것 같았다. 당시는 아마도 민주화를 이끌어낸 지 얼마 되지 않은 시점이라 네루다와 당시 죽어간 사람들과 함께 신새벽을 지켜보지 못한 회한이 컸으리라. 그러나 2004년의 칠레는 이제 더이상 회한이 가득한 얼굴로 네루다를 기억하지 않았다. 네루다의 탄생 100주년을 맞아 모두 함께 위대한 시인을 다시 한번 기억하는 기쁨에 들떠 있었다. 10여 년 전의 네루다가 레퀴엠을 연상시켰다면 2004년의 네루다는 부활의 노래에 휩싸여 있었다.

　　　　　네루다 주간 첫날 산티아고 중앙 광장에서는 네루다가 당원으로 활동했던 공산당이 주도하는 추모행사가 열렸다. 중앙 광장에 있는 커다란 원주민 두상 앞에서 거행된 행사였다. 그러나 그 행사는 언론의 주목도, 정부의 지원도 받지 못했다. 지지율이 고작 2프로 내외에 머물고 있는 공산당의 현주

:: 네루다 탄생 100주년을 기념하는
플래카드가 걸린 마포초 문화센터

소를 보여주는 듯했다. 그래도 주최측의 한 젊은 여성 당원이 떨리는 목소리로 네루다의 민중시를 낭송하자 지나가는 사람들이 하나둘 발길을 멈추었다. 또 네루다에 심취해 있는 것이 분명한, 대학생인 듯한 청년이 네루다 목소리를 본떠 시를 낭송하면서 분위기가 고조되었다.

　　　이윽고 초청 연사 한 사람이 마이크를 잡았다. 그리고 네루다가 상원의원으로 처음이자 마지막으로 직접 정치 일선에 나섰을 때의 이야기를 했다. 네루다는 1945년 공산당에 입당하여 상원의원으로 당선된 바 있다. 나이가 상당히 많아 보이는 그 초청 연사는 1948년 정치적 배신을 한 대통령을 고발하며 거리로 나선 네루다를 직접 목격했다고 한다. 정치보복을 당해 네루다가 망명을 떠나는 계기가 된 사건이었다. 네루다는 망명을 떠나기 전 『모두의 노래』원고를 남기고 갔다. 은신처를 전전하면서 1949년 완성을 본 원고이다. 『모두의 노래』를 인쇄할 때부터 민중시인으로서의 네루다 신화는 완성되고 있었다. 인쇄 작업을 맡은 책임자들은 보통 책의 두 배가 넘는 크기로 책을 만들기로 결정했다. 게다가 워낙 긴 장편 서사시라 감시의 눈을 피해 극소수의 사람들로만 작업을 진행시키자니 출판까지 몇 달이 걸렸다. 천신만고 끝에 마침내 책이 출판되었을 때 사람들은 두 번 울었다. 그들이 살아온 착취와 투쟁의 역사를 네루다의 시를 통해 접하고 눈물을 흘렸고, 마지막 제15권의 말미에서 망명을 떠나는 네루다의 비통한 심정과 각오를 읽고 또다시 눈물을 흘린 것이다. 제일 마지막 권의 제목은 『나는』으로 그 중에는 「나는 살리라」라는 시가 있었다. "나는 죽지 않으리라"라는 구절로 시작되는 이 시는 정치적 탄압에 굴하지 않고 반드시 살아 돌아와 자신의 사회적 사명을 다하겠다는 내용을 담고 있다.

결국 이 시를 통해 네루다는 영원한 생명을 얻었다. 「나는 살리라」는 산티아고 중앙 광장의 시낭송 행사는 물론 각종 네루다 행사에서 가장 많이 낭송된 시였다. 이 시는 또한 스페인에서도 울려퍼졌다. 프랑스, 독일, 핀란드, 미국, 멕시코, 이집트, 인도 등 수많은 나라에서 네루다 탄생 100주년 기념행사가 열렸지만 스페인에서 열리는 행사는 각별했다. 스페인이야말로 네루다가 조국 칠레 외에 가장 사랑한 나라이기도 하지만, 스페인인들 역시 그 옛날 스페인내전 직후 네루다의 주선으로 2000명에 달하는 망명자가 칠레에서 새로운 보금자리를 마련한 사실을 기억하기 때문이다. 2004년 「나는 살리라」를 스페인의 밤하늘에 울려퍼지게 한 이는 「기차는 8시에 떠나네」라는 곡으로 우리나라에도 널리 알려진 미키스 테오도라키스였다. 그는 이미 오래전에 네루다의 『모두의 노래』(Canto general)를 같은 제목의 칸타타로 압축하면서 「나는 살리라」(Voy a vivir)를 작곡한 바 있었다.

테오도라키스가 〈모두의 노래〉를 만들게 된 계기는 1971년 칠레 방문이었다. 그는 이 방문을 통해 네루다의 시 여러 편이 음악으로 만들어졌다는 사실을 접하고 신선한 충격을 받았다. 가령 빅토르 하라만 해도 네루다의 불멸의 사랑의 시집인 『스무 편의 사랑의 시와 한 편의 절망의 노래』의 시16을 노래로 만들었고, 또 쿠데타 직전 군부와 파시스트의 발호를 우려하며 쓴 시 「나는 여기 남으리라」(Aquí me quedo)에도 곡을 붙인 바 있다. 테오도라키스는 자신도 네루다의 시를 음악으로 만들겠다고 약속했다. 그리고 그의 선택은 『모

2CD

Mikis Theodorakis - Pablo Neruda
CANTO GENERAL

Maria Farandouri, Petros Pandis
St.Jakob's Chorus
(Direction Stefan Sköld)
Stockholm Orchestra

Direction
Mikis Theodorakis

DIGITALLY REMASTERED
REPACKAGED

Integral Version - 13 Parts
Live Recording
at Olympia Halle Munich

:: 미키스 테오도라키스, 모두의 노래Canto General, FM Records, 1981

두의 노래』였다. 『모두의 노래』를 쓴 네루다와 새 역사를 창조하고 있는 민중 연합 정권에 경의를 표하고, 아직도 수탈의 역사에서 벗어나지 못한 라틴아메리카 민중을 위로하겠다는 뜻에서였다. 그러나 그의 조국 그리스와 자신이 처해 있는 현실이 아니었으면 그렇게 야심찬 계획에 착수하지 못했을지도 모른다. 당시 그리스는 군사정권하에서 암흑의 세월을 보내고 있었다. 그리고 테오도라키스는 위험인물로 분류돼 1967년부터 3년간 옥고를 치루고 1970년 추방되어 파리에서 망명생활을 시작했다. 1948년 국회에서 대통령의 정치적 변절을 고발하는 연설을 한 뒤 망명의 길을 떠나야만 했던 전력이 있는 네루다와 가까워진 것도 동병상련을 느꼈기 때문일 것이다. 그리고 『모두의 노래』가 네루다가 망명을 떠나기 전 숨어다니면서 완성한 시집이었기에 더욱 애착이 갔으리라. 아마도 테오도라키스는 칠레인들에게 크나큰 위안이 되었던 『모두의 노래』를 통해 고국의 동포들에게도 용기를 불어넣고 싶었을 것이다.

테오도라키스는 1971년 바로 그해부터 '모두의 노래'를 작곡하기 시작했다. 이듬해에는 파리의 작업실에서 작업하면서 프랑스에서 대사로 재직중이던 네루다와 여러 차례 작품에 대해 의논했다. 그리고 1973년 어느 정도 완성된 〈모두의 노래〉를 들고 라틴아메리카 순회공연에 나섰다. 부에노스아이레스에서의 초연은 대성공이었다. 청중들은 테오도라키스와 네루다를 연호했고, 테오도라키스는 감격에 겨워 전화기를 들었다. 부에노스아이레스에 오기로 했으나 류머티즘이 도져 이슬라네그라에 그대로 머물 수밖에 없었던 네루다와 기쁨을 나누기 위해서였다. 테오도라키스는 그 다음에 예정되어 있던

:: 위_ 몇 채의 집 중에서 네루다가 가장 사랑한 이슬라네그라의 집
:: 아래_ 이슬라네그라 해안의 네루다 두상을 둘러싸고 그의 탄생 100주년을 축하하는
사람들

:: 오른쪽_ 네루다는 1971년 노벨문학상 수상 연설에서 랭보를 인용하며 "불타는 인내로
무장하고 찬란한 도시로 진군하리라"라고 말한 바 있다. 군정이 끝난 후 네루다의 유해가
이슬라네그라로 이장되던 날 수많은 인파가 거리로 나와 네루다의 이름을 열렬히 외쳤다.
네루다의 넋은 이제 부인 마틸테와 함께 찬란한 안식처 이슬라네그라에 잠들어 있다.

칠레 공연을 설레는 마음으로 기다렸다. 이번 공연만은 반드시 네루다와 함께 할 수 있으리라고 믿었기 때문이다. 그러나 아엔데가 직접 관심을 가지고 추진했던 공연이건만 칠레 공연은 끝내 이루어지지 않았다. 칠레의 정치 상황이 급박하게 돌아가면서 다음을 기약하자는 전갈만을 받았을 뿐이다. 다음 공연 예정지인 베네수엘라에서 테오도라키스는 칠레의 쿠데타 소식을 듣고 당혹했다. 그러나 그 다음 공연 예정지인 멕시코에 날아든 소식은 더욱 황망한 것이었다. 네루다가 사망했다는 소식이었다. 가슴을 도려내는 슬픔을 딛고 테오도라키스는 거리로 나서 칠레 쿠데타 규탄 대회에 참여하고, 그날 저녁에는 공연을 했다. 원래 조국 그리스의 아픔을 달래기 위한 장으로 마련된 공연이었지만 그날만은 테오도라키스나 청중들이나 모두 칠레와 네루다를 생각했다.

　　　　테오도라키스는 한없는 슬픔을 음악으로 승화시키고자 그해 겨울 〈모두의 노래〉를 더욱 다듬었다. 그러던 중 그리스의 군부독재가 종식되어 금의환향하게 되었다. 그리고 1975년 꿈에 그리던 조국에서의 순회공연에 나서게 되었을 때, 만감이 교차한 테오도라키스는 〈모두의 노래〉를 공연 레퍼토리에 집어넣었다. 그의 〈모두의 노래〉에는 네루다의 시집에서 유래하지 않은 곡이 딱 하나 있었다. 하지만 그 한 곡이 어느 곡보다도 사람들의 마음을 아프게 했다. 「네루다를 위한 레퀴엠」(Neruda Requiem Eternam)이었다. 2004년의 스페인 공연은 테오도라키스가 팔순의 몸으로 1975년 공연의 주요 멤버들을 이끌고 성사시켰다. 그토록 오랜 세월이 지난 후에도 네루다를 기리며 모여든 청중을 보고 테오도라키스는 과연 무슨 생각을 했을까? 2004년의 칠레 소식을 접했

다면 테오도라키스 역시 「네루다를 위한 레퀴엠」보다 「나는 살리라」를 더 열정
적으로 지휘했을 것이다.

　　　　네루다를 기리는 마음이 가장 뭉클하게 느껴진 것은 아무래도 그
가 가장 사랑한 집이요, 그의 무덤이 있는 이슬라네그라에서였다. 일요일을 맞
아 이슬라네그라는 참배객들로 붐볐다. 피서객의 발길이 끊기는 겨울에는 이
례적인 일이다. 집 울타리 너머 백사장은 야외 추모미사에 참석하기 위한 사람
들로 가득 찼다. 또 집을 방문하려는 사람들로 긴 줄이 생겨나기도 했다. 동네
청소년들이 민속음악을 연주하고 재담을 늘어놓고, 인근 마을의 할아버지 할

:: 네루다의 고향산천을 뒤덮고 있는 아라우카리아

335

머니 합창단이 줄을 선 사람들의 지루함을 덜어주었다. 미사가 끝난 후 네루다의 무덤 앞에서 추도식이 열렸다. 시인의 생일을 축하하기 위해 아라우카리아를 세 그루 심었다고 고하는 이도 있었다. 바로 네루다의 고향산천을 뒤덮고 있는 나무이자 우국지사들의 씩씩한 기상과 불굴의 의지를 연상시키는 나무이기도 하다. 그룹 마니피에스토는 네루다의 유언장을 노래로 만들어 불렀다. 이 유언장 역시 네루다가 망명을 떠나기 전『모두의 노래』말미에 포함시킨 시이다. 헐벗고 착취당하는 이들에게 잠시나마 쉴 공간을 마련해주기 위해 이슬라네그라 집을 기증하겠다는 내용이었다. 한적한 바닷가 마을에 불과한 이슬라네그라는 네루다의 집이 들어서면서 시가 있는 바다로 변하였다. 그리고 2004년의 이슬라네그라 앞 바다는 시와 음악이 녹아들어 더욱 찬란히 빛났다.

:: 네루다 탄생 100주년 선물로 그의
유언시에 곡을 붙여 노래한 그룹
마니피에스토

긴 여행을 마치며

정말 어쩌다 일이 이 지경에 이르렀을까. 내가 이런 책을 쓰게 되다니. 아주 오래전에 언뜻 라틴아메리카 음악을 소개하는 책을 써볼까 생각했다가 바로 그 생각을 접었건만. 그것도 순례의 길을 떠나면서까지 책을 준비하게 될 줄이야. 인생은 내 인생이로되 그건 때로는 알 수 없는 힘에 이끌려가기도 하는 모양이다.

이 책에서 소개한 노래들 중 적어도 절반 이상은 1993년 칠레 유학 시절부터 나름대로 심취해 있던 곡들이다. 특히 누에보 칸시오네로, 누에바 칸시온, 누에바 트로바에 속하는 노래들이 그렇다. 처음에는 그저 심심해서 듣기 시작했지만 이내 친숙함을 느꼈다. 그것은 나 혼자만의 경험이 아니다. 라틴아메리카 전공자들 중에서도 같은 경험을 한 사람들이 꽤 된다. '아침이슬'

세대에게는 친숙할 수밖에 없는 노래들이라서 그럴 것이다. 하지만 굳이 세대를 들먹일 필요는 없다. 서정성과 치열함이 오묘하게 어우러진 그 노래들을 그저 한 번만이라도 들어보라. 그래도 싫다면 뭐 어쩌겠는가마는, 그 노래들을 들으면 잠시나마 마음이 맑아질 것이라고 자신 있게 말할 수 있다. 요즘처럼 치열한 경쟁의 시대에 단 한 곡의 노래로 휴식 한 자락을 얻을 수 있다면 엄청 남는 장사가 아니겠는가!

　　　하지만 이 책에 소개하는 상당수 노래들은 그저 한때의 개인적인 고독을 달래준 벗 이상의 의미를 지니고 있다는 것을 분명히 밝혀두어야겠다. 나는 그 노래들을 되풀이해 들으면서 처음으로 라틴아메리카인들이 살아온 험난한 역사를 피부로 느낄 수 있었다. 처음 페루로 유학 갔을 때를 기점으로 잡으면 실로 5년 만에 눈을 뜬 셈이니 미련 곰탱이가 따로 없다. 하지만 한 번 눈을 뜨고 나니 아르헨티나 체류 시절에는 탱고를 기웃거리는 나 자신을 발견했고, 뒤늦게 안데스 음악을 듣고 나서는 첫 유학지인 페루 시절을 제일 소중히 생각하게 되었다. 페루 시절에는 왜 그리도 모든 것에 다 불만을 터뜨리며 재미없는 생활을 자초했는지 알다가도 모를 일이다. 한국과 다르면 무소건 낙후한 것으로 간주하던 그 시절의 오만함이 도대체 어디에서 비롯된 것인지……

　　　그래도 이 책을 쓰겠다고 결심하기까지는 쉽지 않았다. 지금이야 그저 마음으로 글을 읽고 마음으로 느끼고 마음으로 글을 쓰는 것이 인생 최대의 목표가 되어버렸지만 예전에는 이렇게 편하게 생각하지 못했다. 내 개인의 '주관적' 경험을 바탕으로 책을 쓴다는 것이 책에 대한 모독처럼 느껴졌고, 음악 관련 책을 쓰는 일은 '외도'라는 생각이 앞섰다. 또한 현실적으로 이런 유의 원고를 받아줄 출판사가 별로 없을 것만 같아 꼭 책을 써야겠다고 감히 결심할 수 없었다.

따라서 이 책을 쓸 결심을 하는 데 결정적인 영향을 미친 두 사람에게 감사드린다. 우선 지금 칠레 대학교 박사과정에 있는 정승희 양에게 감사한다. 그녀를 처음 보았을 때 라틴아메리카에 한 번도 가보지 않은 학생이 그렇게 라틴아메리카 음악에 심취할 수 있고 또 훤히 알고 있다는 데에 신선한 자극을 받았다. 자신과 같은 마니아들이 제법 있다는 것을 내게 알려주었을 때 나는 귀국 후 처음으로 책을 써보면 어떨까 하는 생각을 하게 되었다. 그녀는 이 책에 실질적인 흔적을 남기기도 했다. 이 책에 소개된 비올레타 파라와 빅토르 하라의 노랫말 거의 대부분과 카를로스 푸에블라의 「영원히」, 레온 히에코의 「신에게 오직 바라네」 등은 그녀의 번역을 바탕으로 약간 다듬은 정도다. 그 밖에도 더 다른 곡들이 있는데 내가 미처 다 기억을 못하는지도 모르겠다. 또한 마지막 출판 과정에서 추가하거나 교체한 사진 몇 장도 산티아고 시내를 돌며 기꺼이 찍어 보내주었다. 이렇게 길게 사연을 소개한 이유는 아마 본인이 더 잘 알 것이다. 이 다음에 훨씬 더 깊이 있는 책을 써주기 바란다.

또 한 사람은 현재 알레스뮤직에 몸담고 계신 한필웅 이사님이다. 몇 년 전 안데스 음악 음반을 제작할 때 사진 자료를 빌리러 오신 적이 있다. 찌는 듯한 여름날인데도 책 한 권이라도 더 짊어지고 가려고 애쓰던 모습이 기억에 오래도록 남는다. 가끔 필요한 정보와 음반을 제공해주어 책 쓰는

데 실질적인 도움도 되었지만 그보다 그때의 상큼한 기억 한 조각이 더 큰 위력을 발휘했다. 한이사 님의 월드뮤직에 대한 애정에 나도 모르게 전염되는 바람에 '외도'에 착수하게 되었기 때문이다. 또한 그때부터의 인연으로 이번에 책에 나오는 음악을 가려 뽑아 책과 같은 제목의 음반까지 출시했으니 나로서는 '생에 감사해'를 되뇔 수밖에 없다. 더불어 음반 제작을 담당한 박휘성 씨에게도 감사드린다. 결혼으로 정신이 없었을 텐데 느닷없이 나까지 폐를 끼친 것 같아 미안하기도 하다.

그동안 '다음(Daum) 칼럼' 시절부터 현재의 블로그 체제에 이르기까지 장장 몇 년 동안 이따금씩 방문해주시고 관심을 보여준 무인도님, 푸른샘님, SHADA님, 미—루님, challa님 기타 여러분들께도 마음으로부터 감사를 드린다. 태생적으로 말수가 적고 돌아다니는 것을 좋아하지 않는 것은 인터넷 공간에서도 역시 마찬가지인지라 평소에 별로 살갑게 대하지 못했던 점 또한 이 자리를 빌려 이해를 구한다.

이 책이 나오기까지 한국학술진흥재단의 기초학문육성지원사업이 결정적인 역할을 하였기에 역시 감사를 표한다. 서울대 인문학 연구원의 '역사와 기억' 팀과 한국라틴아메리카학회의 신자유주의 연구 팀에 소속되어 칠레 쪽을 주제로 연구할 수 있었기에 칠레는 물론 아르헨티나에서부터 볼리비아를 거쳐 페루에 이르는 긴 여정을 구상하고 실행에 옮길 수 있었다. 재단의 지원이 없었다면 아예 집필을 포기하거나 아니면 지극히 무미건조한 책으로 끝났을 것이다.

이렇게 많은 사람들에게 도움을 받았지만 아무래도 이 책은 어머니께 바쳐야겠다. 음악과 함께 평생을 살아오셨으니 무척 기뻐하실 것이다.

바람의 노래 혁명의 노래
ⓒ 우석균 2005

1판 1쇄   2005년 9월 2일
1판 4쇄   2016년 3월 3일

지은이   우석균
펴낸이   김정순
책임편집   박기효
마케팅   김보미 임정진 전선경

펴낸곳   (주)북하우스 퍼블리셔스
출판등록   1997년 9월 23일 제 406-2003-055 호
주소   04043 서울시 마포구 양화로 12길 16-9(서교동 북앤드빌딩)
전자우편   henamu@hotmail.com
홈페이지   www.bookhouse.co.kr
전화번호   02) 3144-3123
팩스   02) 3144-3121

ISBN 89-89799-266-3 03950

이 책의 국립중앙도서관 출판시도서목록(CIP)은 e-CIP홈페이지(http://www.nl.go.kr/cip.php)에서 이용하실 수 있습니다.
(CIP제어번호 : CIP2005001689)